2024 시험대비

김태윤
보건행정
기출문맥

LV.1

김태윤

머리말

Preface

본 교재는 보건직 공무원 시험을 준비하는
여러분들을 위해 만들어졌습니다.

이 책은 공무원 시험과목인 보건행정을 효율적·효과적으로 대비할 수 있도록 돕는 것이 유일한 목적입니다. 따라서 본 교재는 시험에 출제된 내용이 무엇이고, 또 앞으로 출제가능성이 높은 영역은 어떤 부분인지를 선명하게 보여줄 수 있어야 할 것입니다.

이러한 관점에서 이번 보건행정 기출 문맥(門脈❶)은 보건행정의 맥 book으로 이론을 공부해온 수험생 여러분들에게 기출문제를 가장 효율적으로 정복하고 응용할 수 있도록 돕는 교재입니다.

그 구성에 있어서 다음과 같은 방향으로 구성하였습니다.
01 맥book의 단원과 연결되는 기출문제의 재구성
02 기출 문맥은 **문제와 해설을 빠르게 확인** 정리할 수 있습니다.
03 기출문제를 정리하면서 **키워드**를 떠올리고 반복할 수 있도록 합니다.

수험의 과정이 때론 지치고 힘들어 넘어질지라도, 우리 모두 함께 갈 수 있고, 함께 공부할 수 있기에 합격의 꿈을 꾸며 달려갈 수 있습니다.

여러분들의 합격을 기원합니다.

2023년 12월 6일

저자 김태윤

❶ 기출문제로 들어가는 문이라는 의미. 동맥을 통하여 피를 공급받는 것을 '문맥'이라고 하듯, 기출 문맥을 통해 기출문제를 완전히 정복한다는 의미

차례

01편 보건의료제도   15

02편 보건사업의 이해   69

03편 보건사업기획   93

04편 예산행정론   111

05편 보건행정조직론   123

06편 보건인사행정   145

07편 보건정책론   167

08편 보건의료관계법규   183

마인드맵

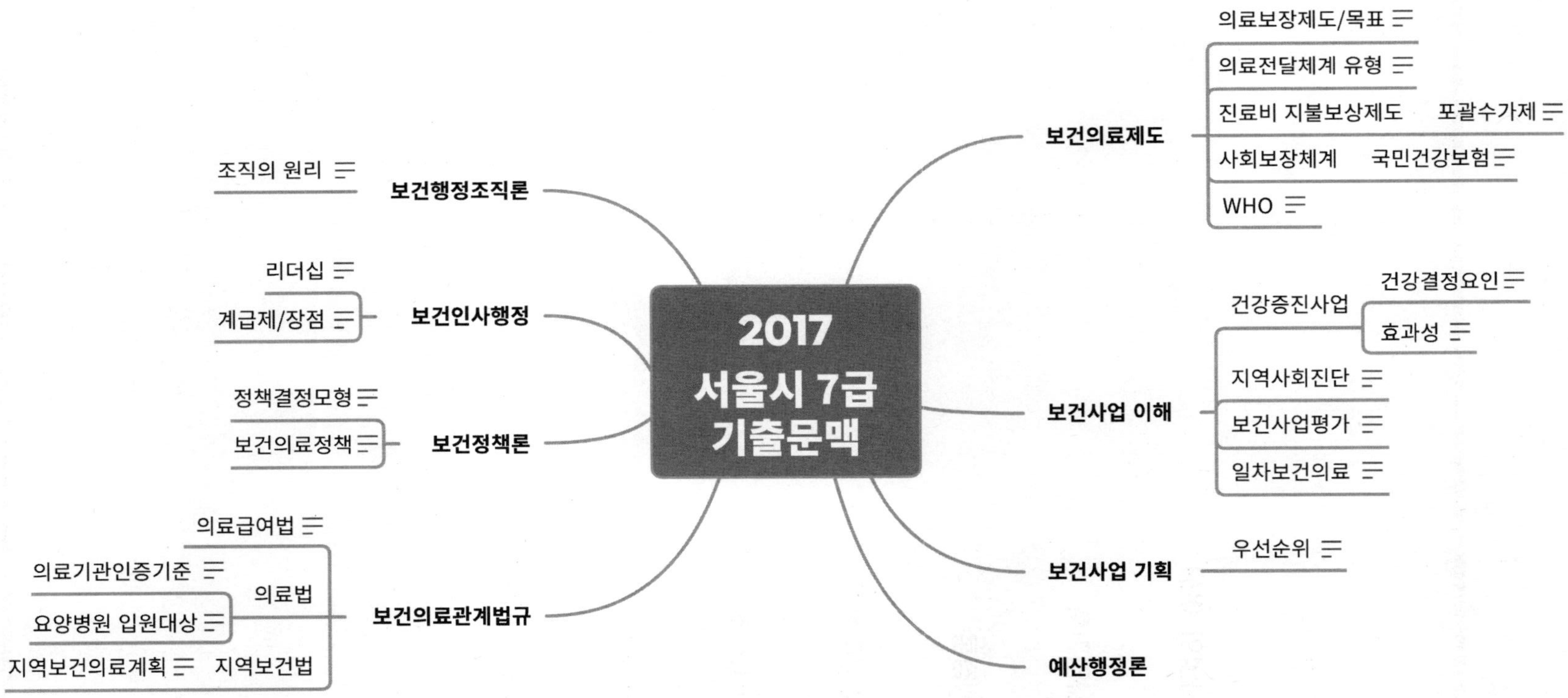

2017 서울시 7급 기출문맥

보건의료제도
- 의료보장제도/목표
- 의료전달체계 유형
  - 진료비 지불보상제도
  - 사회보장체계
  - 국민건강보험
  - 포괄수가제
- WHO

보건사업 이해
- 건강결정요인
- 건강증진사업
  - 효과성
- 지역사회진단
- 보건사업평가
- 일차보건의료

보건사업 기획
- 우선순위

예산행정론

보건행정조직론
- 조직의 원리
- 리더십
  - 계급제/장점

보건인사행정
- 정책결정모형
- 보건의료정책

보건정책론

보건의료관계법규
- 의료급여법
  - 의료기관인증기준
- 의료법
  - 요양병원 입원대상
- 지역보건법
  - 지역보건의료계획

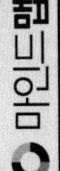

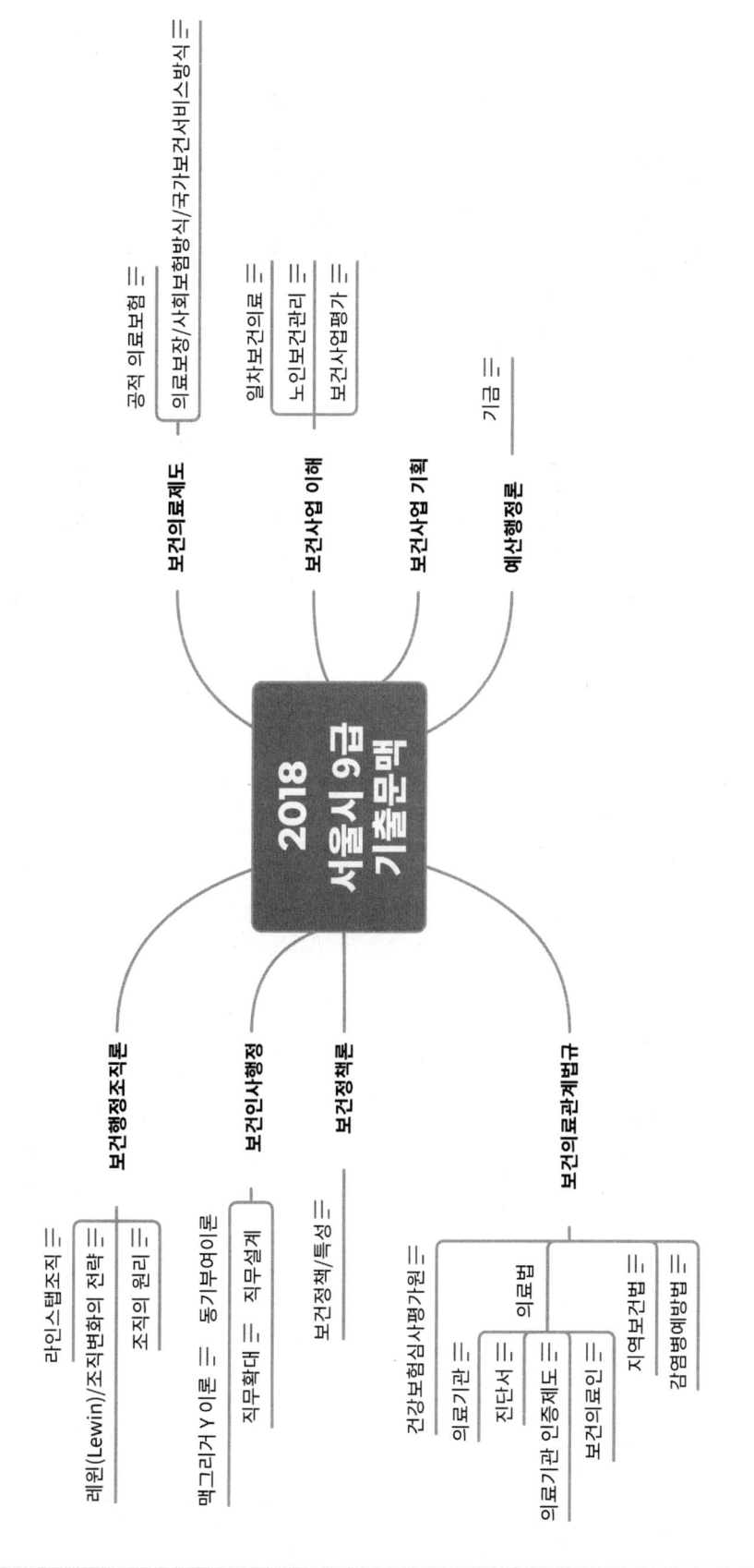

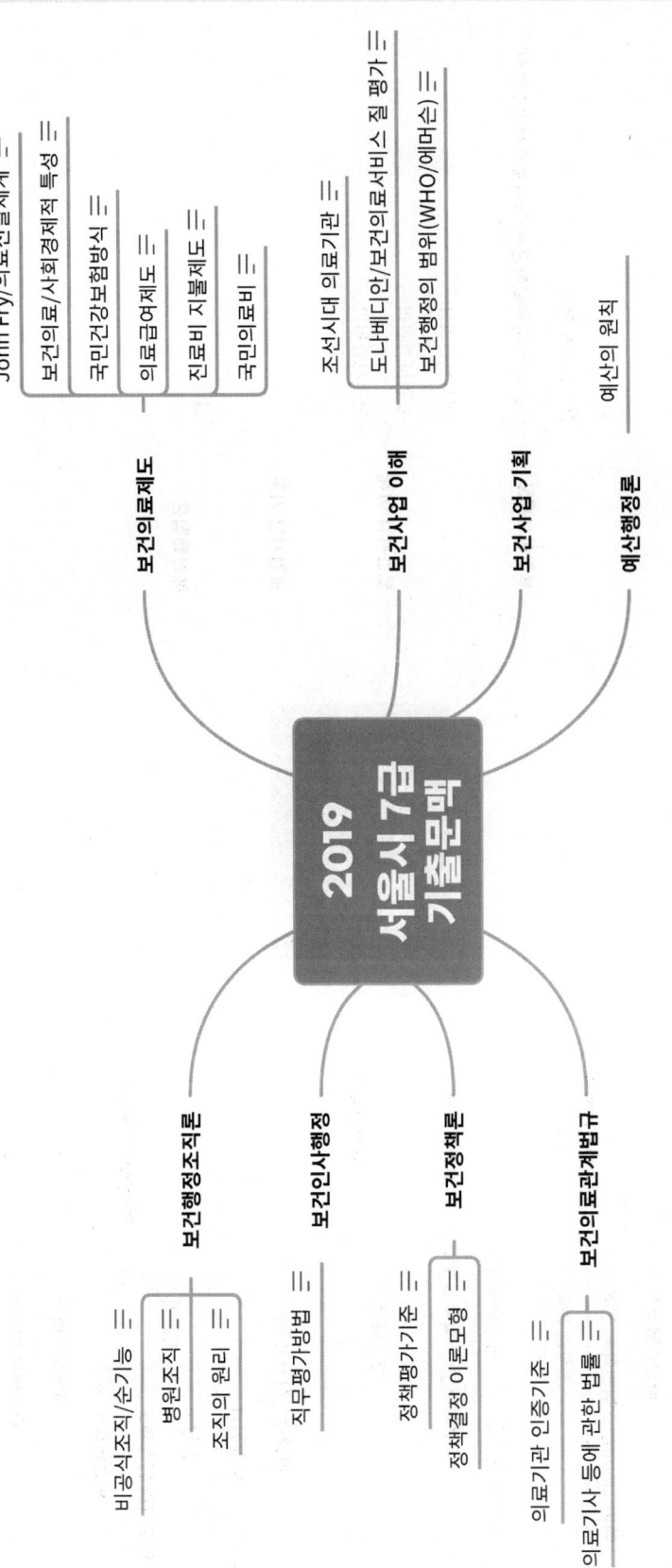

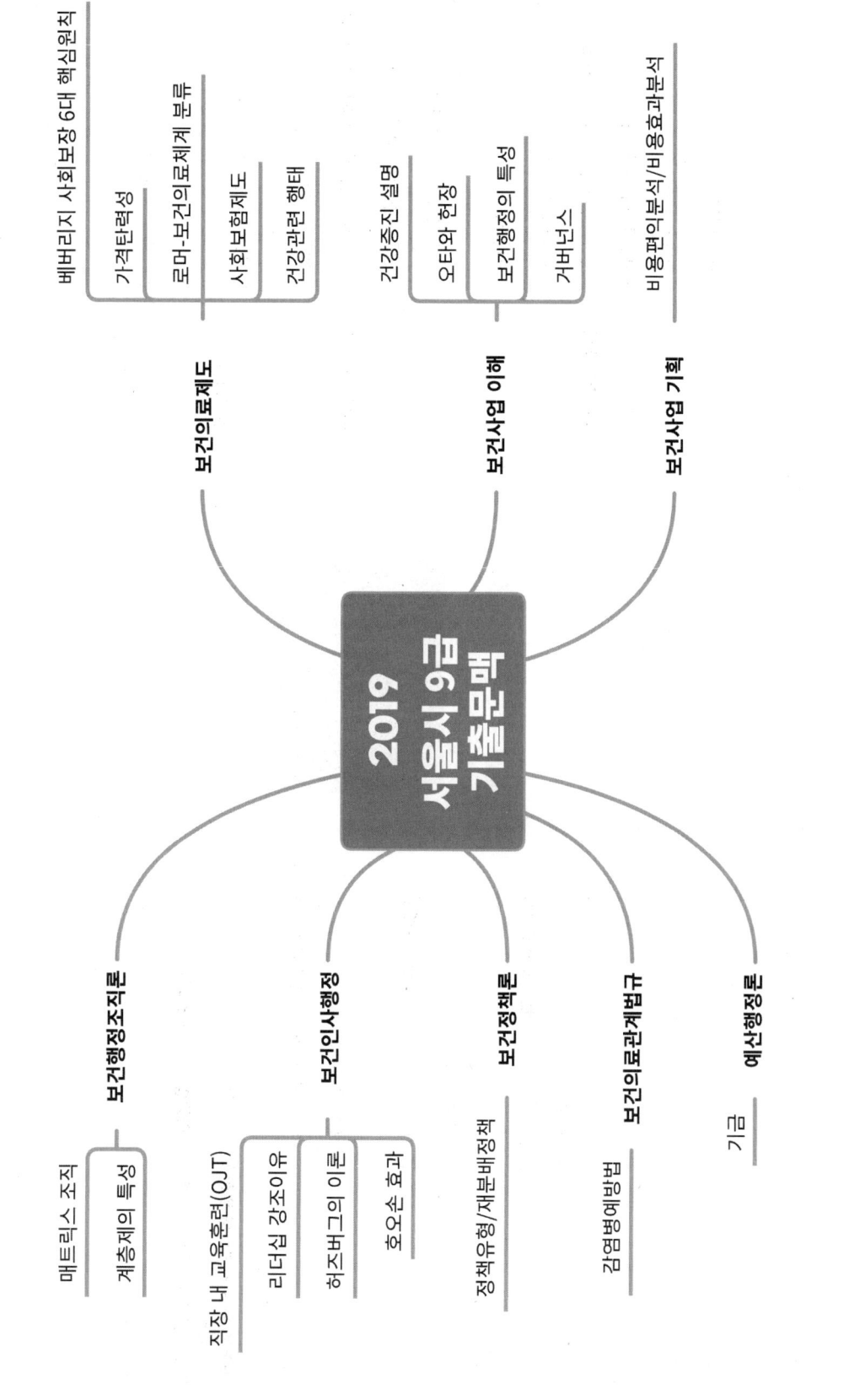

2020 서울시 9급 기출문맥

보건의료제도
- 보건의료체계
  - 앤더슨 모형
  - 보건복지부 소속기관
  - 보건의료서비스 사회경제적 특성
  - 베버리지의 원칙
  - 보건의료자원

보건사업 이해
- 조선시대 중앙의료기관
  - 공중보건 의미/정의
  - 진료비 지불제도/의료비 상승 억제
  - 일차보건의료

보건사업 기획
- 브라이언트 우선순위 기준

예산행정론
- 예산제도
- 준예산

보건행정조직론
- 조직의 원리
- 라인-스태프 조직

보건인사행정
- 실적주의
- 동기부여 이론

보건정책론
- 보건정책 결정과정
- 정책결정 모형

보건의료관계법규
- 농어촌 등 보건의료를 위한 특별조치법
- 의료기관 시설 및 인력기준
- 의료법

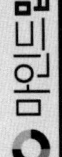

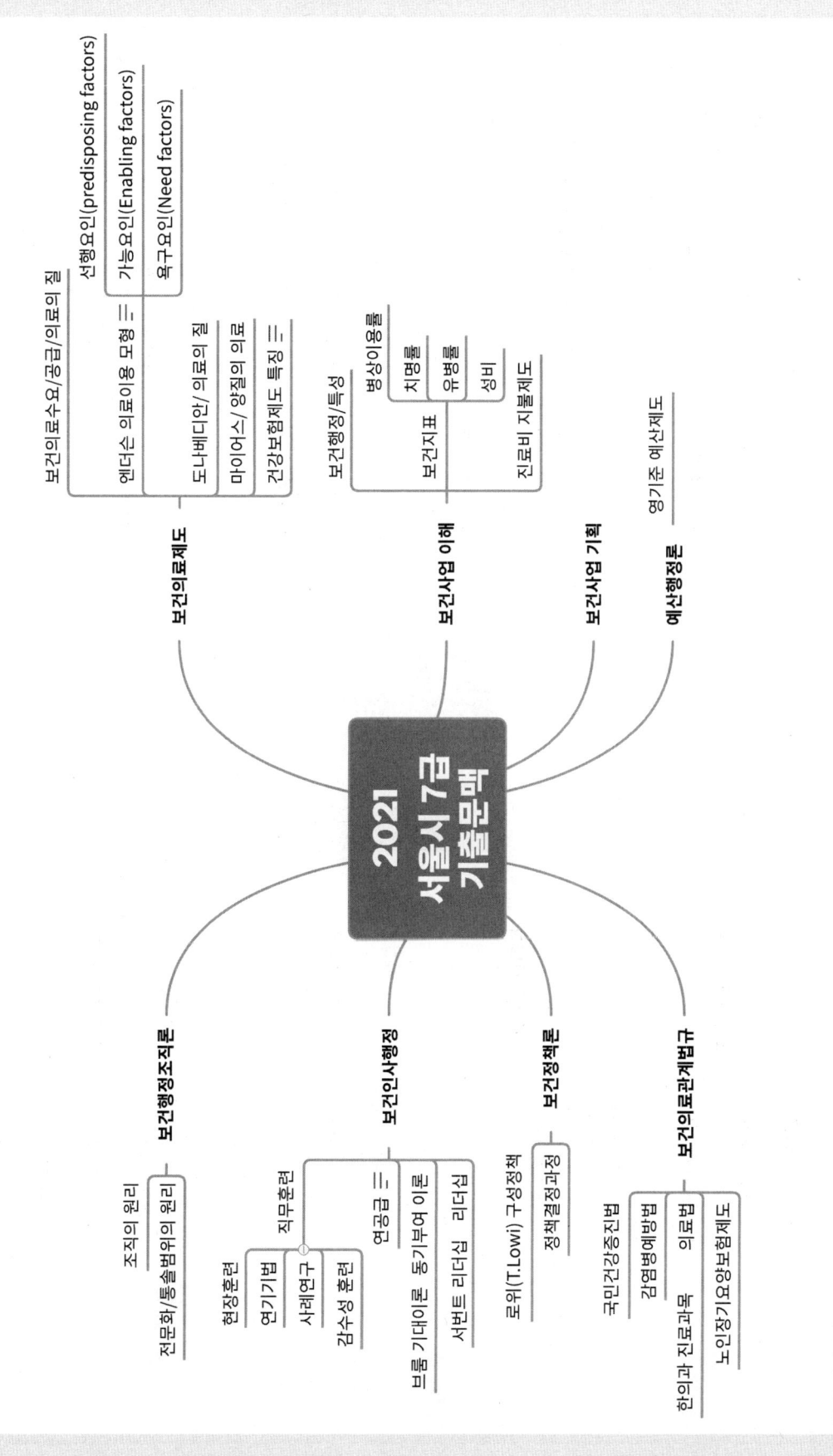

2021 보건행정 기출문맥

보건의료제도
- 보건의료수요 ⑬
- 국가보건의료체계
- 사회보장/의료보장 ⑪
- 보건의료의 생산 및 비용 ③

보건사업 이해
- 공중보건의 이해
- 보건행정 ②
- 보건의료서비스 ④
- 건강증진과 보건교육 ②

보건사업 기획
- 기획의 이해
- 보건사업 기획
- 방법론

예산행정론
- 예산의 이해
- 예산제도의 유형
- 재정과정

보건행정조직론
- 조직의 기초이론
- 조직구조론
- 의사소통/의사결정

보건인사행정
- 인사행정론 이해
- 직무관리
- 리더십 이론
- 동기부여 이론

보건정책론
- 보건정책의 이해
- 정책과정

보건의료관계법규
- 의료법
- 지역보건법
- 국민건강보험법
- 감염병예방법 ①
- 국민건강증진법
- 보건의료기본법

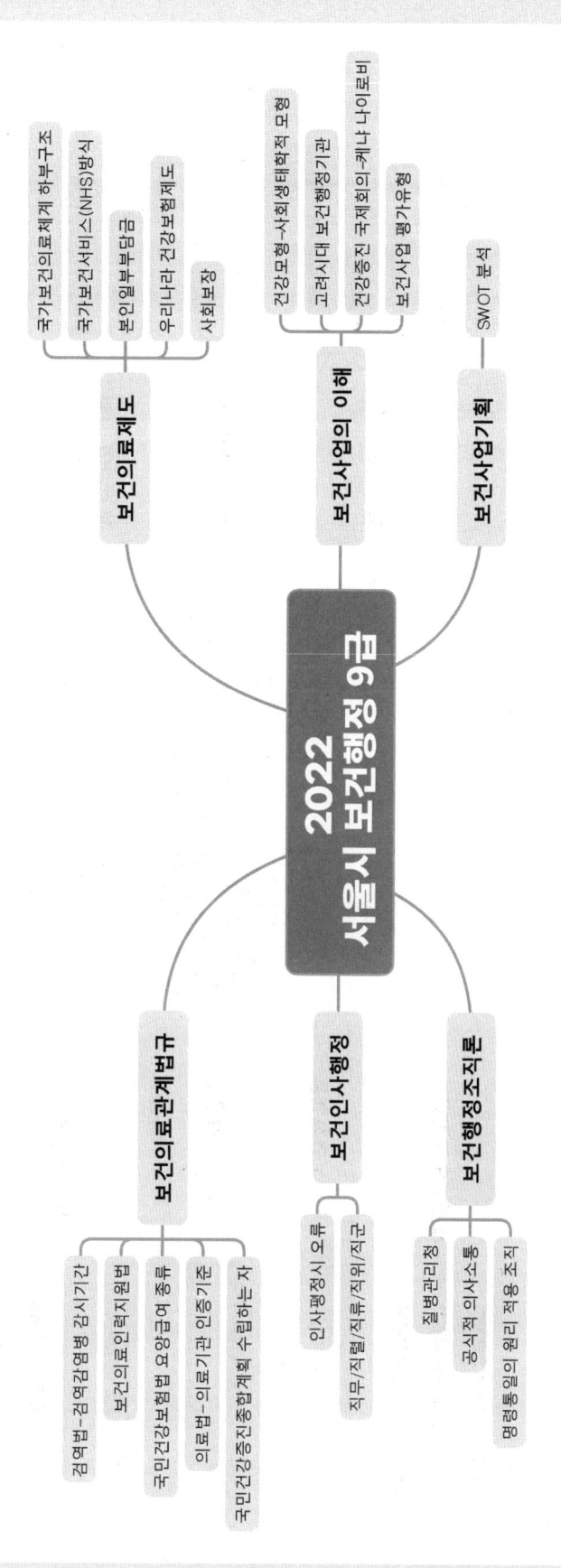

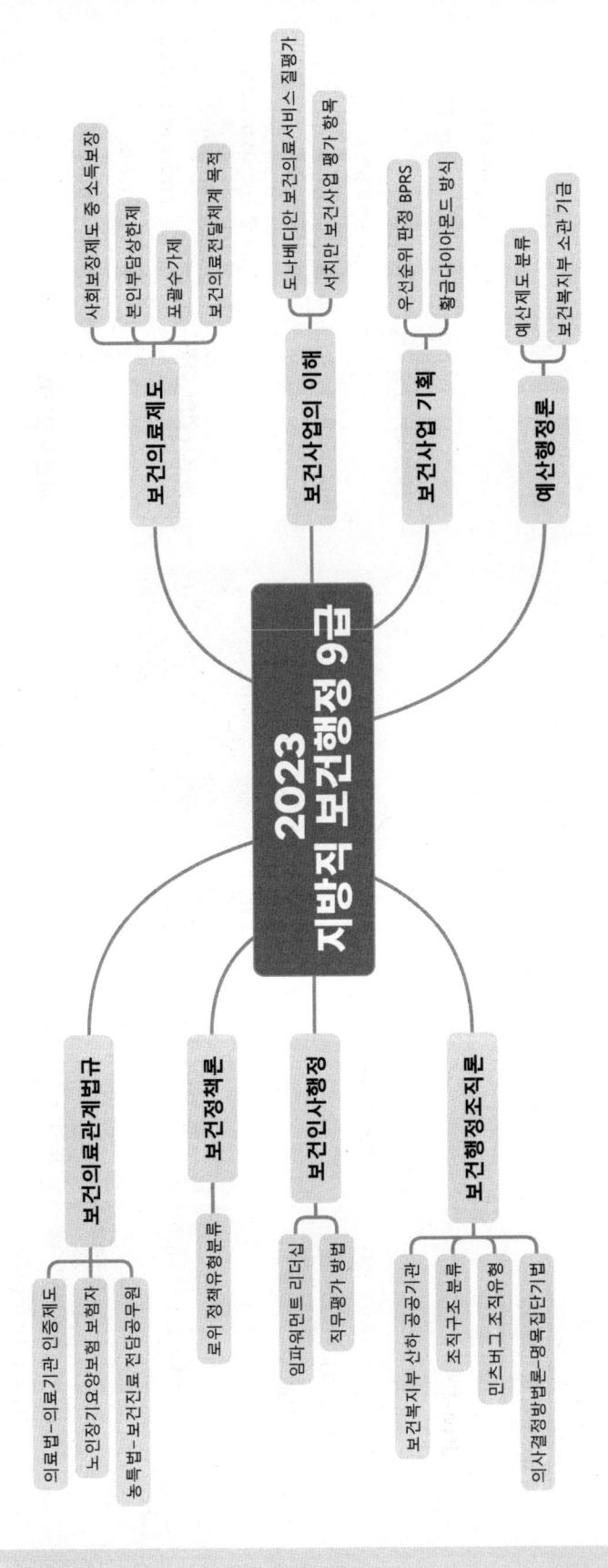

차원이 다른 노하우를 전수한다.

김태윤 보건행정

Part **01**

보건의료제도

1 보건의료수요
2 국가보건의료체계
3 사회보장과 의료보장
4 보건의료자원
5 보건의료조직
6 보건의료재정

마인드맵

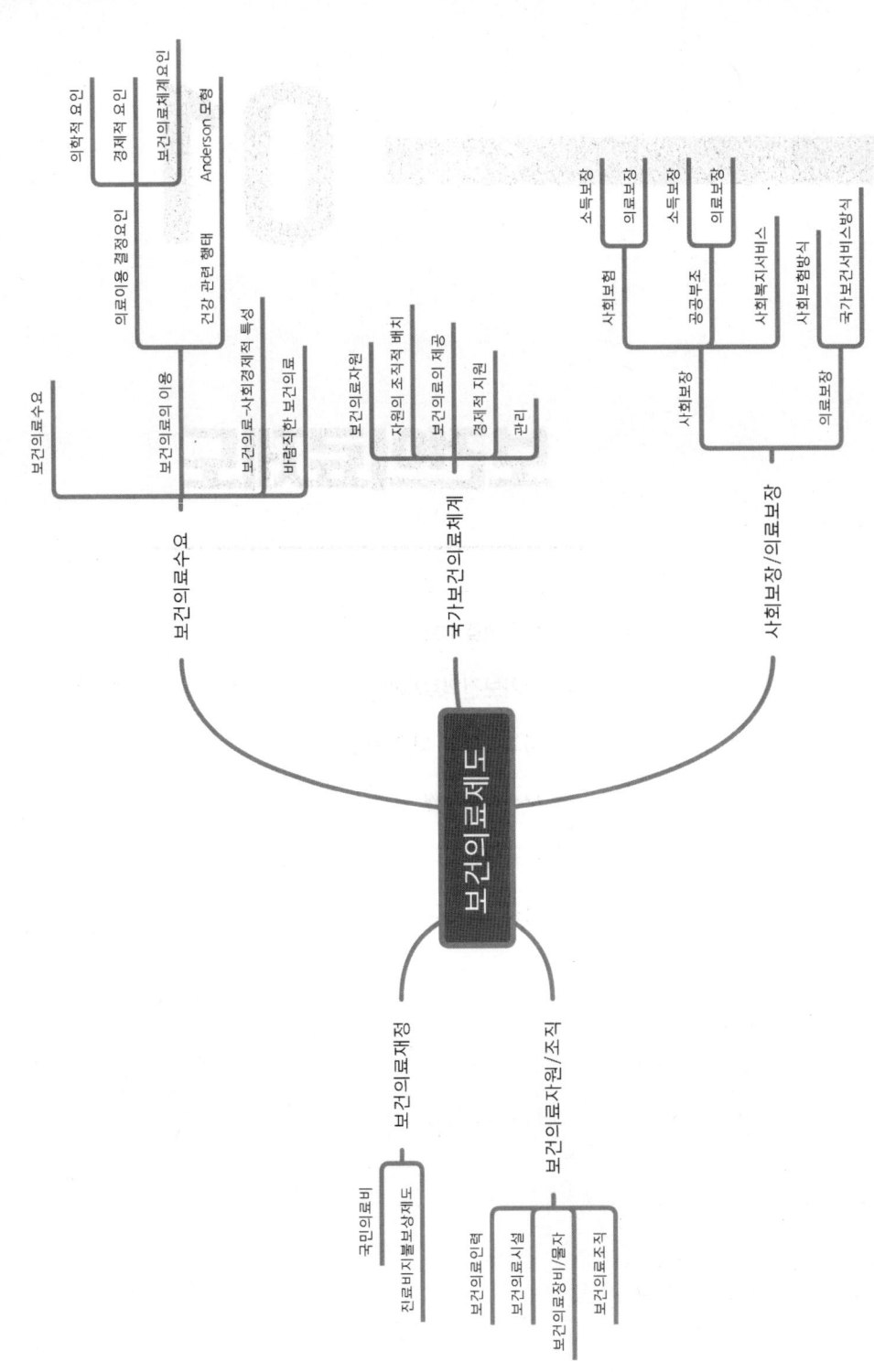

01편 보건의료제도

001 다음 중 보건의료서비스의 사회·경제적 특징 중 일반적으로 수용되는 것이 아닌 것은? [2014. 서울]

① 지위재
② 공공재
③ 불확실성
④ 정보의 비대칭
⑤ 노동 집약

해설

보건의료의 사회·경제적 특성은 정보의 비대칭(소비자의 무지), 불확실성 및 불규칙성, 공급의 독점, 가치재(우량재), 외부효과 등이 있다. 지위재(positional goods)란 다른 사람의 눈에 자주 관찰되고, 자신의 것과 다른 사람의 것을 손쉽게 비교평가할 수 있는 재화를 말한다. 자동차(외제차, 대형), 아파트(평수), 명품백, 명품시계, 가구 등이 지위재가 될 수 있으며, 보건의료서비스는 생활필수품으로 보기 때문에 지위재라고 하지 않는다.

정답 ①

002 보건의료의 사회경제학적 특성으로서 예방접종의 효과는? [2014. 경기]

① 외부효과성 강화
② 수요의 불확실성 감소
③ 공급의 독점성 완화
④ 정보의 비대칭성 해소

해설

외부효과(확산효과, 이웃효과, Externality Effects)란 적절한 보건의료서비스를 통하여 건강을 보호하면 질병의 파급을 줄이게 되며, 그 혜택을 당사자뿐만 아니라 그 가족 혹은 사회 전체로 돌아가게 되는 것을 말한다. 예방접종이나 치료를 통하여 감염성 질환에 면역이 되었다면 주위 다른 사람들이 그 감염성 질환에 걸릴 확률이 줄어드는 경우가 외부효과에 해당한다.

정답 ①

003 "의사는 충분한 지식과 기술을 지니고 있어야 하며 각종 연수교육, 학술잡지, 학술모임 등을 통해 나날이 발전하는 의학을 계속 공부하여 자신의 능력을 향상시켜야 한다."는 것은 마이어스(Myers)가 주장한 양질의 의료서비스 구성 요소 중 어떤 요건을 의미하는가? [2017, 서울]

① 질적 적정성(Quality)
② 효율성(Efficiency)
③ 지속성(Continuity)
④ 접근 용이성(Accessibility)

해설

질적 적정성(Quality)에 대한 내용이다. 마이어스에 의하면 질적으로 우수한 보건의료는 전문적 능력, 개인의 수용성, 질적 적정성과 같은 요소를 가져야 한다. 그 중에서도 질적 적정성은 의학적 적정성과 사회적 적정성을 동시에 달성하는 것을 의미한다.
- 의학적 적정성: 의학적 적정성이란 지식과 기술에 대한 의료제공의 전문적 능력을 말한다. 전문적 능력이 갖춰질 때 환자 개인의 수용성이 제고된다.
- 사회적 적정성: 사회적 적정성이란 국가나 사회의 최소수준을 보장하는 것이다. 일정수준의 질을 보장하기 위해서는 사회적 통제기전이 뒷받침되어야 한다.

정답 ①

004 리와 존스(Lee & Jones)의 양질의 의료서비스 요건에 해당하지 않는 것은? [2017, 서울]

① 의·과학에 기초
② 전인간적 진료
③ 국소적 치료 강조
④ 사회복지사업과 연계

해설

치료보다는 예방을 강조한다.
리와 존스(Lee & Jones)의 양질의 의료서비스 요건
의·과학에 근거한 합리적 의료행위/ 예방 강조 / 의료제공자와 소비자 간 긴밀하고 지속적인 협조
개인에 대한 전인적 치료/ 환자와 의사 간 긴밀하고 지속적인 인간관계 유지 /사회복지사업과 연계
다양한 보건의료서비스 통합·조정 / 주민의 필요충족에 요구되는 모든 보건의료서비스 제공

 정답 ③

005 양질의 총괄적 의료를 국민에게 제공하기 위한 적정 보건의료서비스의 요건이 <u>아닌</u> 것은?

[2016. 지방직]

① 접근 용이성
② 질적 적정성
③ 계속성
④ 최첨단 기술의 의료

양질의 의료를 위한 적정 보건의료서비스의 요건은 접근 용이성(Accessibility), 질적 적정성(Quality), 지속성(연속성, continuity), 효율성(경제적 합리성, Efficiency)이다.

정답 ④

006 양질의 보건의료서비스에 대한 설명이 맞게 연결된 것은?

[2015. 경기]

① 효율성: 평등한 재정 및 의료서비스 공급
② 질적 적정성: 전인적 의료, 집단 수준의 위험 관리
③ 지속성: 의료기관 간 유기적 관계 및 긴밀한 협조
④ 접근 용이성: 경제적 상황을 고려한 적정 수준의 급여 제공

양질의 보건의료서비스
1) 접근 용이성(Accessibilty): 언제, 어디서라도 지리적, 경제적, 시간적으로 쉽게 이용가능.
2) 질적 적정성(Quality): 의료의 질, 의료기관별 차별성
3) 지속성(연속성, 계속성, Continuity): 개인 중심의 진료, 전인적 의료
4) 효율성(경제적 합리성, Efficiency): 집단수준 위험관리, 경제적 합리성 추구

정답 ③

007 마이어스(Myers)의 보건의료서비스 요건 중 한 병원에서 진료를 받다가 상급병원으로 이송될 경우 중복된 의료서비스를 배제하고 신속히 다음 단계의 의료서비스를 제공받는 것은 어떤 요건에 해당하는가?

[2015. 서울]

① 접근 용이성　　　　　　　　② 질적 적정성
③ 지속성　　　　　　　　　　④ 효율성

지속성(Continuity)이란 의료의 전문화와 세분화로 인한 단편적인 진료가 아니라 예방, 치료, 사회로의 복귀가 연결되어야 하며 육체적인 치료뿐만 아니라 안녕까지도 성취되어야 한다는 의미이다.

정답 ③

008 양질의 보건의료서비스 요건에서 마이어스(Myers)가 정의한 요소로 가장 적절한 것은?

[2014. 서울]

① 질적 적정성, 형평성, 지속성, 효율성
② 효율성, 접근 용이성, 질적 적정성, 통제성
③ 질적 적정성, 접근 용이성, 지속성, 효율성
④ 지속성, 접근 용이성, 보장성, 효율성
⑤ 효율성, 지속성, 민주성, 통제성

마이어스(Myers)가 정의한 양질의 보건의료서비스 요건은 접근 용이성, 질적 적정성, 계속성(지속성, 연속성), 효율성(경제적 합리성)이다.

정답 ③

009 <보기>에서 설명하는 보건의료의 사회경제적 특성으로 가장 옳은 것은? [2021, 서울]

> **보기**
> 국가는 모든 국민들에게 지불 용의와 능력에 관계없이 기본적인 보건의료를 제공함으로써 국민들의 건강권을 보장해야 한다.

① 정보의 비대칭성
② 외부효과
③ 공급의 독점성
④ 가치재

해설
보건의료의 사회경제적 특성 중 지불용의와 능력에 상관없이 제공되어야 함을 말하는 것은 가치재에 대한 설명이다.

정답 ④

010 의료비의 상승 원인 중 의료수요를 증가시키는 요인에 해당하지 않는 것은? [2021, 서울]

① 사회간접시설의 확충
② 의료인력 임금의 상승
③ 인구의 노령화
④ 건강보험의 확대

해설
의료인력 임금의 상승은 공급자에게 비용을 증가시키고 결과적으로 가격을 상승시키게 되어 거꾸로 의료수요를 감소시킬 수 있다.

정답 ②

011 도나베디언(Donabedian)이 구분한 보건의료의 질을 구성하는 요소가 아닌 것은? [2021. 서울 7급]

① 기술적 영역
② 대인관계 영역
③ 환자중심성
④ 편의시설의 쾌적성

해설
보건의료의 질을 구성하는 요소로서 도나베디언은 구조, 과정, 결과의 평가를 제시한다. 3번 선지의 환자 중심성은 보건의료의 질을 구성하는 요소로 보기 어렵다.

정답 ③

---

012 마이어스(Myers)의 양질의 의료에 대한 설명으로 가장 옳지 않은 것은? [2021. 서울 7급]

① 접근성: 언제 어디라도 필요 시 포괄적인 의료서비스를 받을 수 있어야 한다.
② 질적 적정성: 최신의 지식과 기술뿐만 아니라 윤리적인 면에서도 부족함이 없어야 한다.
③ 지속성: 의료인의 전문적인 능력은 치료와 예방을 지속적으로 유지하기 위해 가장 중요한 핵심요소이다.
④ 효율성: 조기진단을 강조하여 최소의 비용으로 최대의 효과를 얻을 수 있도록 한다.

해설
3번 선지는 지속성이 아니라 질적 적정성에 대한 설명으로 볼 수 있다. 의료인의 전문적인 능력은 보건의료서비스의 질적 수준을 결정한다.

정답 ③

013 앤더슨(Anderson)의 의료이용 모형 중 가능성 요인(enabling factor)에 해당하지 않는 것은?

[2021. 서울 7급]

① 질병과 보건의료에 대한 태도
② 소득
③ 의료기관까지의 거리
④ 의료보험 가입 여부

 해설

앤더슨의 모형은 소인성 요인, 가능성 요인, 필요성 요인으로 구분된다. 이중 가능성 요인은 개인의 의료이용을 가능케 하여 의료서비스에 대한 필요를 충족시키는 요인으로서 소득, 의료보장 등 개인적 변수와 의료기관과의 거리, 소요시간 등의 지역변수 등을 포함한다. 따라서 1번 선지는 해당하지 않는다.

 정답 ①

014 앤더슨 모형(Anderson model)에 따른 개인의 의료이용에 영향을 미치는 요인 중 의료인력과 시설의 분포, 건강보험과 같이 의료서비스를 이용할 수 있도록 하는 요인으로 가장 옳은 것은?

[2020. 서울]

① 소인성 요인(predisposing factor)
② 가능성 요인(enabling factor)
③ 강화 요인(reinforcing factor)
④ 필요 요인(need factor)

 해설

13번 문제의 해설을 참고할 때 앤더슨의 모형에서 의료인력과 시설분포, 건강보험과 같이 의료서비스를 이용할 수 있도록 하는 요인은 가능성 요인에 해당하는 설명으로 이해된다.

정답 ②

015 '공급된 병상은 채워지기 마련이다'라는 표현으로 대표되며, 보건의료 부문에서 발생하는 공급에 의한 수요창출을 나타내는 용어는? [2020, 서울 7급]

① 도덕적 해이 ② 역선택
③ 로머(Roemer)의 법칙 ④ 우량재

로머의 법칙에 대한 설명이다. 도덕적 해이는 보험이 적용되는 경우 수요자에게 발생할 수 있는 과도한 의료이용의 형태를 설명하며, 역선택(Adverse selection)이란 질병에 걸릴 가능성이 큰 사람 등이 오히려 보험에 더 가입하는 것을 말한다. 우량재는 보건의료서비스가 가지는 특성 중의 하나로 설명된다.

정답 ③

016 보건의료에 대한 국가개입의 정당성을 설명한 것으로 가장 옳지 않은 것은? [2019, 서울 7급]

① 의료의 사유재적 성격 ② 의료의 외부효과성
③ 질병과 치료의 불확실성 ④ 의료정보의 비대칭성

보건의료가 가지는 사회경제적 성격은 보건의료서비스에 대한 정부의 개입의 정당성을 설명한다. 특히 정보의 비대칭성(소비자의 무지), 질병과 치료의 불확실성, 보건의료서비스의 외부효과성은 정부 개입의 매우 중요한 이유와 근거라고 볼 수 있다.

정답 ①

017 예방접종과 관계가 깊은 보건의료서비스의 사회경제적 특성으로 가장 옳은 것은? [2020, 서울]

① 외부효과
② 정보의 비대칭성
③ 수요의 불확실성
④ 공급의 법적 독점

해설

예방접종은 접종 당사자 만이 아니라 다른 사람들에게까지 긍정적인 영향을 미치게 된다. 이와 같은 보건의료서비스의 사회경제적 특성을 외부효과라 한다.

정답 ①

018 도나베디안(Donabedian)은 보건의료서비스 생산을 구조, 과정, 결과의 3가지 측면에서 접근방법을 제안하였다. 도나베디안(Donabedian)이 제안한 보건의료서비스의 질 평가 접근방법 중 과정적 접근으로 옳은 것은? [2019, 서울 7급]

① 신임제도
② 면허제도
③ 진료결과 평가
④ 의료이용도 조사

해설

도나베디안은 구조, 과정, 결과 평가의 3가지 관점에서 평가접근하였다. 1, 2번 선지는 구조적 평가로, 3번 진료결과 평가는 결과 평가로 이해된다.

정답 ④

019 일반정책과 다른 보건정책의 특성으로 가장 옳은 것은? [2018. 서울]

① 국가 경제력에 영향을 받지 않는다.
② 인간생명을 다루어야 하는 위험의 절박성 때문에 효율성이 강조된다.
③ 보건의료부문은 구조적으로 단순한 연결고리를 가진다.
④ 보건정책의 대상은 국민 모두를 포함할 정도로 정책파급 효과가 광범위하다.

해설

보건정책은 국가의 경제력에 영향을 받으며, 효율성 보다는 형평성이 강조된다. 또한 보건의료부문은 복잡한 사회 구조적 연결관계에 있다고 봐야 할 것이다. 한편 보건정책의 파급효과는 매우 크다.

정답 ④

020 도나베디언의 질 평가 모형과 사례가 가장 옳게 연결된 것은? [2018. 서울]

① 구조 - 의무기록 조사
② 구조 - 환자만족도 조사
③ 과정 - 동료검토
④ 결과 - 의료이용량 조사(utilization review)

해설

의무기록 조사는 과정적 평가, 환자만족도 조사는 결과적 평가, 의료이용량 조사는 과정적 평가로 본다.

정답 ③

021 우리나라 보건의료정책 중 의료접근성과 관련 <u>없는</u> 것은?   [2017. 서울]

① 보건진료소 설치
② 국민건강보험 도입
③ 의료기관인증제 도입
④ 원격의료제도 도입

해설

의료기관인증제는 의료기관이 의료 서비스 제공 과정에서 환자안전의 수준과 의료의 질 향상을 위해 자발적·지속적인 의료 질 관리 및 개선 노력을 유도하기 위한 제도이다. 의료법 제58조 3(의료기관 인증기준 및 방법 등)의 1항에 명시된 사항으로서 다음의 내용을 포함한다.
① 환자의 권리와 안전
② 의료기관의 의료 서비스 질 향상 활동
③ 의료 서비스의 제공 과정 및 성과
④ 의료기관의 조직 인력 관리 및 운영
⑤ 환자 만족도

정답 ③

022 최근 정부와 지방자치단체는 흡연으로 인한 피해 방지와 주민의 건강 증진을 위하여 금연구역지정 확대 등의 정책을 펼치고 있다. 이러한 보건의료정책의 정부규제 근거가 되는 것은?   [2016. 지방직]

① 공급의 독점성
② 정보의 비대칭성
③ 외부효과
④ 소비의 비경합성

해설

외부효과란 어떤 경제활동과 관련해 당사자가 아닌 다른 사람에게 의도하지 않은 혜택이나 손해를 발생시키는 것을 말한다.

정답 ③

023 다음 중 대부분 국가의 보건의료체계에서 일반적으로 간주되는 5개 구성요소에 해당하지 않는 것은?

[2014. 서울]

① 보건의료 자원
② 보건의료 조직
③ 보건의료 관리
④ 보건의료서비스 제공
⑤ 보건의료서비스 유형의 개발

해설

국가 보건의료체계의 5가지 요소는 보건의료자원의 개발, 자원의 조직적 배치, 보건의료서비스의 제공, 보건의료의 관리, 보건의료의 재정적 지원이다.

정답 ⑤

---

024 보건의료에 대한 정부규제의 근거가 아닌 것은?

[2014. 경기]

① 외부효과
② 정보의 편재
③ 공급의 독점
④ 시장경쟁성 제고

해설

정부규제와 개입으로 인해 자유로운 시장경제시스템이 제대로 작동하지 않을 수 있다. 따라서 정부규제와 개입은 시장경쟁성 제고에 반하는 조치이다.

정답 ④

---

025 우리나라 보건의료체계에서 정부의 역할이 아닌 것은?

[2014. 대구]

① 보험자
② 정보제공자
③ 규제자
④ 이용자

해설

보건의료에 있어서 정부의 역할은 규제자, 정보제공자, 보건의료서비스 제공자, 보건의료자원 제공자(보건의료공급자), 재정지원자, 보험자이다.

정답 ④

026 제5차 국민건강증진종합계획(HP2030)의 비전은? [2014. 경기변형]

① 건강수명 연장, 건강형평성 제고
② 모든 사람이 평생 건강을 누리는 사회
③ 건강생활 실천확산
④ 생애주기별 건강관리

해설

제5차 국민건강증진종합계획(HP2030)

구분	HP 2030 내용		
비전	모든 사람이 평생 건강을 누리는 사회		
목표	건강수명 연장과 건강형평성 제고 - 소득수준별 건강수명 격차 감소 - 지역별 건강수명 격차 감소		
기본원칙	1. 국가와 지역사회의 모든 정책 수립에 건강을 우선적으로 반영한다. 2. 보편적인 건강수준의 향상과 건간형평성 제고를 함께 추진한다. 3. 모든 생애과정과 생활터에 적용한다. 4. 건강친화적인 환경을 구축한다. 5. 누구나 참여하여 함께 만들고 누릴 수 있도록 한다. 6. 관련된 모든 부문이 연계하고 협력한다.		
사업분야	건강생활실천	1. 금연 3. 영양 5. 구강건강	2. 절주 4. 신체활동
	정신건강관리	6. 자살예방 8. 중독	7. 치매 9. 지역사회 정신건강
	비감염성 질환 예방관리	10. 암 12. 비만	11. 심뇌혈관질환 13. 손상
	감염 및 기후변화성 질환 예방관리	14. 감염병 예방 및 관리 16. 기후변화성 질환	15. 감염병 위기 대비 대응
	인구집단별 건강관리	17. 영유아 19. 여성 21. 장애인 23. 군인	18. 아동 청소년 20. 노인 22. 근로자
	건강친화적 환경 구축	24. 건강친화적 법제도 개선 26. 혁신적 정보기술의 적용 28. 지역사회 자원 확충 및 거버넌스 구축	25. 건강정보 이해력 제고 27. 재원마련 및 운용

 정답 ②

❶ 기대수명에서 질병이나 부상으로 활동하지 못한 기간을 뺀 기간으로, '단순히 얼마나 오래 사는가'가 아닌 '얼마나 건강하게 오래사는가'를 나타내는 지표

027 로머(M. Roemer)의 국가보건의료체계 분류에 따를 때, 북한이 속하는 유형은? [2022. 지방직]

① 복지지향형
② 시장지향형
③ 중앙계획형
④ 개발도상국형

북한은 사회주의형 및 국가(정부) 계획형 국가보건의료체계로 분류된다. 로머의 분류체계에서 시장지향형과 국가주도형은 정반대로 분류된다.

정답 ③

028 세계보건기구 모델(Kleczkowski 등, 1984)에서 국가보건의료체계의 하부구조를 형성하는 주요 구성 요소에 해당하지 않는 것은? [2022. 서울]

① 자원의 조직적 배치
② 의료 이용자 행태
③ 보건의료자원 개발
④ 보건의료서비스의 제공

국가보건의료체계의 하부구조에는 5가지 구성요소가 있다. 보건의료자원의 개발, 자원의 조직적 배치, 보건의료서비스의 제공, 보건의료 관리, 보건의료재정지원으로 설명된다. 해당하지 않는 것은 의료이용자의 행태이다.

정답 ②

029 <보기>에서 설명하는 보건의료체계로 가장 옳은 것은? [2020, 서울]

보기
- 건강권의 개념이 보편화되어 있는 국가에서 채택하고 있는 유형이다.
- 보건의료서비스 수혜자는 전체 국민이다.
- 모든 보건의료서비스는 무료이며 재원은 조세에서 조달된다.

① 공적부조형
② 복지국가형
③ 의료보험형
④ 국민보건서비스형

해설

주어진 보기에서 보건의료서비스가 국가주도형으로 주어지고 있는 것, 재원이 조세에서 조달되는 점 등을 고려할 때 국민보건서비스형(NHS, National Health Service)으로 설명할 수 있다.

 정답 ④

030 로머(Roemer)가 제시한 보건의료체계 분류에서 의료서비스는 개인의 구매력에 의해 좌우되며 보건의료비가 개인적으로 조달되는 것이 특징인 점을 강조한 유형은? [2019, 서울]

① 자유기업형
② 복지국가형
③ 저개발국가형
④ 사회주의국가형

해설

로머의 분류 중 개인의 구매력에 의해 의료서비스가 좌우되는 것은 시장주도형 즉 자유기업형에 해당하는 것으로 본다.

 정답 ①

031 프라이(John Fry)의 의료전달체계 분류 중 자유방임형의 장점으로 가장 옳지 않은 것은? [2019, 서울 7급]

① 국민에게 의료인이나 의료기관을 선택할 권리가 보장된다.
② 공급자 측의 경쟁에 따라 보건의료서비스 수준이 향상된다.
③ 자유경쟁에 따른 의료기관의 효율적인 운영이 가능하다.
④ 의료자원의 효율적인 활용이 가능하다.

 해설

자유방임형의 장점은 선택의 자유, 서비스 질의 향상, 경쟁에 따른 효율적 운영 등이라고 볼 수 있으나 의료자원이 효율적으로 활용된다고 보기는 어렵다.

정답 ④

032 우리나라 건강보험의 연혁에서 직장가입자와 지역가입자의 재정통합 연도와 노인장기요양보험 실시 연도가 순서대로 바르게 연결된 것은? [2014, 서울]

① 1989년 - 2000년
② 2000년 - 2003년
③ 2000년 - 2008년
④ 2003년 - 2008년
⑤ 2003년 - 2011년

 해설

직장가입자와 지역가입자의 재정통합(2003년), 노인장기요양보험 실시 (2008년 7월 1일)

정답 ④

033 사회보장의 기능 중 공적 연금제도와 관련이 있는 소득 재분배 기능은? [2015. 경기]

① 세대 간 재분배
② 수직적 재분배
③ 수평적 재분배
④ 우발적 재분배

해설

소득 재분배 유형
- 수직적 재분배: 소득이 높은 사람 → 낮은 사람에게 재분배 (누진적 소득세)
- 수평적 재분배: 동일한 소득계층 내의 재분배 (건강보험, 가족수당)
- 세대 간 재분배: 앞 세대와 뒷 세대 간 재분배 (공적 연금제도)

정답 ①

034 베버리지의 사회보장 6대 핵심 원칙에 해당하지 않는 것은? [2019. 서울]

① 정액급여의 원칙
② 포괄성의 원칙
③ 급여의 적절성 원칙
④ 행정책임의 분권 원칙

해설

베버리지의 사회보장 6대 핵심 원칙
① 균일한 생계급여(flat rate of subsistence benefit): 소득상실의 경우 소득상실 전에 받던 소득액의 다과에 상관없이 보험급여의 액수가 동일해야 한다.
② 균일한 기여금(flat rate of contribution): 기여금은 그의 소득수준에 관계없이 동일해야 한다.
③ 행정책임의 단일화(unification of administrative responsibility): 효율성과 경제성을 고려하여 행정체계를 일원화한다.
④ 급여의 적절성(adequacy of benefit): 급여의 양과 시기에서의 적절해야 한다.
⑤ 포괄성(comprehansiveness): 사회보험의 적용 인구와 적용 욕구 측면에서 가능하면 포괄적으로 적용되어야 한다.
⑥ 분류(classification, 계층화): 단일화·포괄적인 사회보험이지만 지역사회 내 다양한 삶의 양식을 고려하여 사회보험의 적용대상을 분류하여 적용해야 한다.(근로자, 자영업자, 무임금노동자(주부), 아동, 노인 등)

정답 ④

035 사회보장의 원칙 중 베버리지(Beveridge)의 원칙이 아닌 것은? [2016. 지방직]

① 균일한 생계급여의 원칙
② 균일한 기여 갹출의 원칙
③ 관리책임의 단일화 원칙
④ 예산활용의 융통성 원칙

해설

베버리지의 사회보장 6대 핵심 원칙
① 균일한 생계급여(flat rate of subsistence benefit): 소득상실의 경우 소득상실 전에 받던 소득액의 다과에 상관없이 보험급여의 액수가 동일해야 한다.
② 균일한 기여금(flat rate of contribution): 기여금은 그의 소득수준에 관계없이 동일해야 한다.
③ 행정책임의 단일화(unification of administrative responsibility): 효율성과 경제성을 고려하여 행정체계를 일원화한다.
④ 급여의 적절성(adequacy of benefit): 급여의 양과 시기에서의 적절해야 한다.
⑤ 포괄성(comprehansiveness): 사회보험의 적용 인구와 적용 욕구 측면에서 가능하면 포괄적으로 적용되어야 한다.
⑥ 분류(classification, 계층화): 단일화·포괄적인 사회보험이지만 지역사회 내 다양한 삶의 양식을 고려하여 사회보험의 적용대상을 분류하여 적용해야 한다.(근로자, 자영업자, 무임금노동자(주부), 아동, 노인 등)

정답 ④

036 베버리지(Beveridge)의 사회보장의 내용으로 알맞지 않은 것은? [2014. 경기]

① 효율성과 경제성을 고려한 운영기관의 단일화
② 전 국민 대상 포괄적 적용
③ 소득상실 이전 소득액 관계없이 균일한 생계급여 지급
④ 근로자의 기여금은 각 개인의 임금, 보수 등과 비례

해설

균일한 기여금(flat rate of contribution): 기여금은 그의 소득수준에 관계없이 동일해야 한다.

정답 ④

037 〈보기〉에서 우리나라의 사회보험제도 중 의료보장에 해당하는 것을 모두 고른 것은? [2019, 서울]

보기
㉠ 건강보험   ㉡ 고용보험
㉢ 국민연금   ㉣ 산재보험

① ㉠
② ㉠㉡
③ ㉠㉣
④ ㉠㉡㉢㉣

우리나라 사회보장제도 중 의료보장에 해당하는 것은 사회보험 성격의 건강보험, 산재보험, 공공부조 성격의 의료급여가 있다. ㄴ과 ㄷ은 소득보장 성격의 사회보험제도이다.

정답 ③

038 요양급여와 관련하여 비용을 심사하고 급여의 적정성을 평가하는 기관으로 가장 옳은 것은? [2018, 서울]

① 보건복지부
② 국민건강보험공단
③ 건강보험심사평가원
④ 보건소

건강보험심사평가원은 요양급여 비용의 심사와 적정성 평가 업무를 수행하는 보건복지부 산하의 준 정부기관이다. 조직 설립 목적은 공정한 요양급여 심사·평가를 통해 국민보건의 향상과 건전한 의료 서비스 환경 조성이다. 요양급여의 심사 및 평가 외에도 의료행위, 의약품, 치료재료, 진료비 등과 관련된 업무도 담당한다.

정답 ③

039 의료보장제도 중 사회보험방식(NHI)과 국가보건서비스방식(NHS)에 대한 설명으로 가장 옳지 않은 것은?

[2018. 서울]

① 영국, 스웨덴 등은 국가보건서비스방식을 채택하고 있다.
② 국가보건서비스방식은 첨단 의료기술 발전에 긍정적이며 양질의 의료제공이 가능하다.
③ 사회보험방식의 재원조달은 보험료를 기본으로 하며 일부 국고에서 지원한다.
④ 우리나라에서는 사회보험방식을 채택하고 있다.

해설

의료서비스 측면에서 사회보험방식은 상대적으로 양질의 의료제공이 가능하며, 첨단 의료기술 발전에 긍정적 영향을 미친다. 국가보건서비스방식은 의료의 질 저하, 입원 대기환자 급증(대기시간 장기화, 개원의의 입원 의뢰 남발)의 우려가 있다.

정답 ②

---

040 의료보장제도의 궁극적인 목표가 아닌 것은?

[2017. 서울]

① 의료혜택의 균등분배
② 국민의료비의 적정수준 관리
③ 첨단의료기술 개발
④ 과중한 의료비 부담의 경감

해설

의료보장은 국민의 건강권을 보호하기 위하여 필요한 보건의료서비스를 국가나 사회가 제도적으로 제공하는 것으로, 개인의 능력으로 해결할 수 없는 건강문제를 사회적 연대책임으로 해결하여 사회구성원 누구나 건강한 삶을 향유할 수 있도록 하는데 궁극적인 목표가 있다.

정답 ③

041 우리나라 사회보장체계의 분류에서 국민건강보험이 해당하는 것은? [2017, 서울]

① 사회보험 중 의료보장
② 사회보험 중 소득보장
③ 공공부조 중 소득보장
④ 공공부조 중 의료보장

해설

구성요소			특징
사회보장	사회보험	소득보장	고용보험, 연금보험, 산재보험
		의료보장	건강보험, 산재보험
	공공부조	소득보장	기초생활보장
		의료보장	의료급여
	사회복지서비스		노인복지, 아동복지, 장애인복지, 가정복지

정답 ①

---

042 다음 중 우리나라의 의료보장제도에 대한 설명으로 옳지 않은 것은? [2016, 서울]

① 국민건강보험은 장기보험의 특성을 가지고 있다.
② 의료급여제도의 재원을 충당하기 위해 의료급여기금을 설치·운영한다.
③ 노인장기요양보험의 급여는 재가급여, 시설급여, 특별현금급여로 구성되어 있다.
④ 국민건강보험 가입자는 1단계 요양급여를 받은 후 2단계 요양급여를 받아야 한다.

해설

우리나라 건강보험제도의 특성은 강제성, 예산의 균형성(단기보험), 부담의 재산·소득 비례 원칙(보험료 부과), 적정급여의 원칙, 제3자 지불의 원칙, 형평성, 수익자 부담, 급여우선의 원칙, 사후치료의 원칙, 발생주의 등이 있다.

정답 ①

043 사회보험의 특징에 관한 설명으로 옳지 않은 것은? [2016, 지방직]

① 단일화된 관리기구로 운영된다.
② 최저수준의 의료서비스를 제공한다.
③ 가입 시 본인의 의사가 존중된다.
④ 보험료는 소득에 비례 납부한다.

해설

사회보험은 국민에게 발생하는 사회적 위험을 보험의 방식으로 대처함으로써(연대책임) 국민의 건강과 소득을 보장하는 제도이다. 사회보험의 특징은 ① 모든 국민을 대상으로 하는 보편적 제도 ② 사회적 위험에 대비하는 예방적 성격 ③ 보험방식으로 문제 해결 ④ 국민의 건강과 소득이 최저생활 이상의 문화적 삶이 가능한 수준이 되도록 보장 ⑤ 법에 의해 규정되고 실시(강제성) ⑥ 소득재분배 ⑦ 국민통합

정답 ③

044 우리나라 건강보험제도의 특성으로 거리가 먼 것은? [2015, 경기]

① 재원의 조세주의 원칙
② 제3자 지불의 원칙
③ 급여의 적정성 원칙
④ 가입의 강제성 원칙

해설

우리나라 건강보험제도는 일정 법적요건이 충족되면 본인의 의사와 관계없이 건강보험가입이 강제되며 보험료 납부의무가 부여된다. 소득수준 등 보험료 부담능력에 따라서 보험료를 부과하고, 보험료 부담수준과 관계없이 법령에 따라 균등하게 보험급여가 이루어진다.

정답 ①

045 사회보장을 사·민간보험과 비교하여 사회보험을 설명한 내용으로 옳지 않은 것은? [2015, 경기]

① 집단보험
② 차등급여
③ 강제가입
④ 능력비례부담

해설

보험료 부담수준과 관계없이 법령에 따라 균등하게 보험급여가 이루어진다(균등급여).

정답 ②

046 사회보험의 특징이 아닌 것은? [2014. 서울]

① 최저생계를 보장한다.
② 보험가입은 강제성을 지닌다.
③ 보험료 부담은 공동 부담이 원칙이다.
④ 사회적 형평성을 추구한다.
⑤ 보험료 지불능력이 없는 저소득층을 대상으로 한다.

해설

사회보험은 모든 국민을 대상으로 행해지는 보편적인 제도이다. 보험료 지불능력이 없는 저소득층을 대상으로 하는 것은 '공공부조'이다.

정답 ⑤

047 우리나라 민영보험에서 운영되는 실손형 급여 보상 방법은? [2015. 서울]

① 국민보건서비스
② 지방보건서비스
③ 제3자 지불제도
④ 상환제

해설

민영보험 실손형 급여 보상은 피보험자가 의료기관에서 의료서비스를 받은 후 진료비를 지급하고, 이 비용을 다시 보험사로부터 보상받는 상환제 방식이다.

정답 ④

048 국가보건서비스(NHS) 방식의 단점으로 가장 옳지 않은 것은?
[2022. 서울]

① 정부의 과다한 복지비용 부담
② 장기간 진료대기문제
③ 단일 보험료 부과기준 적용의 어려움
④ 의료수요자 측의 비용의식부족

해설

국가보건서비스 방식의 경우 보험료의 부과가 아니라 조세부과방식에 대한 기준과 고려가 필요하며, 보험료 부과기준 적용은 국민보험방식(NHI)과 관련된다.

정답 ③

049 우리나라 건강보험제도의 특징으로 가장 옳은 것은?
[2022. 서울]

① 제한된 영역의 현물급여를 제외하면 대부분 현금급여이다.
② 일정한 조건을 갖추면 국민이 판단하여 가입할 수 있는 임의 가입 방식이다.
③ 소득수준이나 재산의 정도 등 부담능력에 따라 보험료가 책정된다.
④ 건강보험심사평가원은 가입자 및 피부양자의 자격관리, 보험료의 부과·징수 업무를 담당하고 있다.

해설

건강보험에서 대부분의 급여 방식은 현물급여이며, 가입방식은 강제가입 방식이다. 또한 건강보험심사평가원은 요양기관의 진료비심사와 요양급여의 적정성 평가 및 의료행위관리 치료재료관리 의약품 유통관리 등 다양한 업무를 수행하는 기관이다.
가입자 및 피부양자의 자격관리, 보험료의 부과징수 업무를 담당하는 기관은 국민건강보험공단이다.

정답 ③

050 베버리지(Beveridge)가 정의한 사회보장에 대한 설명으로 가장 옳지 <u>않은</u> 것은? [2022, 서울]

① 노령으로 인한 퇴직, 타인의 사망으로 인한 부양상실에 대비해야 한다.
② 실업이나 질병, 부상으로 소득이 중단되었을 때를 대처해야 한다.
③ 출생, 사망, 결혼 등과 관련된 특별한 지출을 감당하기 위한 소득보장이다.
④ 모든 국민이 다양한 사회적 위험에서 벗어나 행복하고 인간다운 생활을 할 수 있도록 자립을 지원한다.

베버리지는 사회보장을 실업, 질병 혹은 사고, 노령 또는 기타 생활상의 어려움으로 인하여 임금이 상실된 때 소득을 보장하여 주는 것으로 정의하고, 기본적으로 사회보장은 최저수준의 보장에 있다고 보았다. 즉, 모든 국민이 다양한 사회적 위험에서 벗어나는 것이 사회보장이라고 보는 것은 베버리지의 관점이라 보기 어렵다.
 정답 ④

051 우리나라 사회보장체계에서 사회보험에 해당하는 것은? [2021, 서울]

① 복지서비스　　　　　　　　② 국민연금제도
③ 국민기초생활보장제도　　　④ 의료급여제도

사회보장체계에서 사회보험에는 건강보험, 연금제도, 산재보험 등의 제도가 포함된다. 2번의 국민연금제도가 정답이다.
 정답 ②

052 우리나라의 공공부조 재원에 해당하는 것은? [2021, 서울]

① 보험료　　　　　　　　② 일반조세
③ 기여금　　　　　　　　④ 재정보조금

사회보장에서 공공부조의 재원의 근거는 조세에 의한다.
 정답 ②

053 노인장기요양보험제도에 대한 설명으로 가장 옳지 <u>않은</u> 것은? [2021, 서울 7급]

① 가입자는 65세 이상 노인이다.
② 신청대상은 65세 이상 노인 또는 노인성 질환을 가진 자 중 6개월 이상 혼자서 일상생활을 수행하기 어렵다고 인정된 65세 미만자이다.
③ 장기요양보험료는 국민건강보험료와 통합징수된다.
④ 수혜대상이 된 자는 일부 급여비용을 부담하기도 한다.

해설
노인장기요양보험 적용대상에서 가입자는 건강보험의 가입자와 같다. (법 제7조 제3항) 이는 건강보험의 적용에서와 같이 법률상 가입이 강제되어 있다.

정답 ①

054 우리나라 건강보험제도의 특성으로 가장 옳지 <u>않은</u> 것은? [2021, 서울 7급]

① 발생주의 원칙
② 급여우선의 원칙
③ 사전예방의 원칙
④ 보험료 부담의 재산·소득비례 원칙

해설
우리나라의 건강보험은 공공보험으로서 운영, 재정이 단일 보험자로 집중되는 한계가 있고, 보장성이 낮으며, 의료서비스 제공에 있어 민간에 대한 의존도가 높다. 한편 의료비 통제 등 의료서비스 공급에 대한 통제가 어렵다는 점을 특징으로 하고, 사전예방의 원칙이 아닌 사후치료의 원칙으로 볼 수 있다.

정답 ③

055 베버리지(Beveridge)의 원칙에 대한 설명으로 가장 옳지 않은 것은? [2020. 서울]

① 베버리지의 원칙에는 정액급여의 원칙, 정액기여의 원칙, 행정책임 분리의 원칙, 급여 적절성의 원칙 등이 있다.
② 포괄성의 원칙은 사회보험 적용 대상이 신분과 수입에 상관없이 전국민이 되어야 한다는 것이다.
③ 대상 분류의 원칙은 지역사회의 다양한 삶의 형태를 고려하여 사회보험을 적용해야 한다는 것이다.
④ 급여 적절성의 원칙은 최저생계를 보장해야 한다는 것이다.

해설

베버리지 보고서에서는 정액급여, 정액기여, 행정책임의 단일화, 급여의 적절성, 포괄성 그리고 대상 분류의 원칙을 제시한다. 이 보고서는 영국 이외에도 많은 국가의 복지정책에 영향을 주었다.

정답 ①

056 국가보건서비스(National Health Service, NHS)방식 대비 국민건강보험(National Health Insurance, NHI)이 갖고 있는 특성으로 가장 옳지 않은 것은? [2020. 서울 7급]

① 관리기구는 보험자 중심으로 운영
② 정부의 일반조세로 운영
③ 의료비 억제기능이 취약
④ 치료중심적인 급여

해설

국민건강보험은 정부의 일반조세에 의해 운영되는 것이 아니라 보험료에 의해 운영된다.

정답 ②

057 베버리지의 사회보장 6대 핵심 원칙에 해당하지 않는 것은? [2019. 서울]

① 정액급여의 원칙
② 포괄성의 원칙
③ 급여의 적절성 원칙
④ 행정책임의 분권원칙

해설

베버리지 보고서에서는 정액급여, 정액기여, 행정책임의 단일화, 급여의 적절성, 포괄성 그리고 대상 분류의 원칙을 제시한다. 이 보고서는 영국 이외에도 많은 국가의 복지정책에 영향을 주었다. 행정책임의 분권원칙 또는 분권화는 해당하지 않는다.

정답 ④

058 국민건강보험방식(National Health Insurance, NHI)에 대한 설명 중 가장 옳지 않은 것은? [2019, 서울 7급]

① 비스마르크형 의료보장이라고도 한다.
② 처음에는 노동자를 중심으로 보험집단이 형성되었으나 제도가 성숙되면서 점차 그 적용이 국민전체로 확대되어 오늘에 이르고 있다.
③ 영국, 스웨덴, 한국 등에서 실시되고 있다.
④ 1차적으로 국민의 보험료에 의해 재원을 조달하고 국가는 2차적 지원과 후견적 지도기능을 수행한다.

해설

영국과 스웨덴 등은 국가보건서비스 방식으로 운영된다. 우리나라가 국민건강보험방식으로 운영되는 것과 비교하여 알아둘 필요가 있다. 국가보건서비스 방식과 국민건강보험방식은 각각 재원조달의 측면에서 차이가 있다.

 정답 ③

059 우리나라의 의료급여제도에 대한 설명으로 가장 옳지 않은 것은? [2019, 서울 7급]

① 생활유지 능력이 없거나 생활이 어려운 저소득 국민의 의료문제를 국가가 보장하는 공공부조제도이다.
② 응급시나 특수 상황을 제외하고는 1차, 2차, 3차 진료기관 후송체계를 갖고 있다.
③ 수급권자의 본인부담금은 종별로 차등을 두고 있다.
④ 수급권자에 대한 급여는 원칙적으로 개인을 단위로 행하고 있다.

해설

의료급여제도에 있어 수급권자란 의료급여법에 의한 의료급여를 받을 수 있는 자를 말하며, 수급권자는 1종 수급권자와 2종 수급권자로 구분되며 2종 수급권자의 경우 국민기초생활보장 대상자 중 1종 수급대상이 아닌 가구를 대상으로 한다.

 정답 ④

060 사회보험으로서 건강보험의 특징에 대한 설명으로 가장 옳지 않은 것은? [2019. 서울 7급]

① 일정 법적요건이 충족되면 본인의 의사에 관계없이 강제 적용된다.
② 보험료 부담수준, 계약내용에 따라 차등 급여를 받는다.
③ 실효성을 확보하기 위해 피보험자에게 보험료 납부의 의무가 주어진다.
④ 보험료는 노사가 분담하거나 정부가 일부를 부담하기도 한다.

사회보험에서는 보험료의 부담수준은 차이가 있을 수 있으나 차등 급여가 아닌 균등급여를 제공받는다. 즉 보험료 부담수준과 관계없이 관계법령에 의하여 균등하게 보험급여가 지급된다.
 ②

061 미국에서 65세 이상 노인을 대상으로 시행하는 공적 의료보험에 해당하는 것으로 가장 옳은 것은? [2018. 서울]

① Medicaid
② Medicare
③ HMO(Health maintenance organization)
④ PPOs(Preferred-provider organization)

미국의 의료보장체계는 특징적으로 우리나라의 국민건강보험제도와 같은 사회보험 형태의 보편적인 공적 의료보험이 부재하며, 오히려 민간의료보험이 의료보장체계의 중심적 지위를 차지한다. 이러한 문제를 보완하기 위한 제도적 도입이 65세 이상 노인 및 장애인을 대상으로 하는 메디케어(medicare)와 저소득층을 대상으로 하는 메디케이드(medicaid)이다.
 ②

062 고령화에 따른 주요 노인보건관리에 대한 설명으로 가장 옳지 않은 것은? [2018. 서울]

① 기존 가족구조의 변화가 노인부양 문제를 일으킨다.
② 노인은 한 가지 이상의 만성질환을 가지는 경우가 많아서 의료비가 급증한다.
③ 노인장기요양보험 도입으로 65세 이상의 저소득층 노인에 한하여 장기요양서비스를 제공하고 있다.
④ 노인인구집단에 대한 소득보장 및 사회복지 서비스 확대에 따른 재정지출이 증가하고 있다.

해설

노인장기요양보험의 도입은 65세 이상 노인과 65세 미만의 자로서 치매, 뇌혈관성 질환 등 노인성 질병을 가진 자 중 6개월 이상 혼자서 일상생활을 하기 어렵다고 인정된 자를 그 수급 대상자로 하고 있다.

정답 ③

063 한정된 보건의료자원으로 최대한의 보건의료서비스를 제공할 수 있도록 유도하는 보건행정의 가치는? [2019. 서울]

① 능률성(Efficiency)
② 대응성(Responsiveness)
③ 접근성(Accessibility)
④ 효과성(Effectiveness)

해설

능률성(효율성)은 한정된 보건의료자원으로 얼만큼의 보건의료서비스를 제공하였는지, 또는 보건의료자원을 개발하는데 얼마나 많은 자원이 소요되었는지를 통해 평가할 수 있다.

정답 ①

064 다음에서 설명하는 보건의료자원에 대한 평가요소는?   [2022. 지방직]

> 2019년 우리나라 병상수는 인구 1,000명당 12.4병상으로 OECD 회원국 평균 4.4병상에 비해 약 2.8배 많았다.

① 효율성(efficiency)
② 통합성(integration)
③ 양적 공급(quantity)
④ 분포(distribution coverage)

해설

지문에서 설명하고 있는 보건의료자원에 대한 평가는 '양적 공급'에 대한 서술이다.

정답 ③

065 일차보건의료의 4A에 대한 설명으로 가장 옳지 않은 것은?   [2020. 서울]

① Accessible : 소외된 지역 없이 보건의료활동이 전달 되어야 한다.
② Available : 과학적인 방법으로 접근해 건강문제를 해결해야 한다.
③ Acceptable : 지역사회가 쉽게 받아들일 수 있는 방법으로 제공되어야 한다.
④ Affordable : 재정적으로 부담 가능한 방법으로 이루어져야 한다.

해설

접근성, 수용성, 유용성, 지불가능성의 4A가 일차보건의료에서 고려된다.
2번 선지는 유용성인데 설명에 오류가 있다. 유용성은 적극적인 주민 참여에 의해 사업이 이루어져야 함을 말한다.

정답 ②

066 보건의료자원에 해당하지 않는 것으로 가장 옳은 것은? [2020, 서울]

① 보건의료인력 ② 보건의료시설
③ 보건의료지식 ④ 건강보험재정

해설

보건의료자원에는 인력, 시설, 장비, 물자 등이 포함되며 보건의료지식도 해당하나 재정적 지원은 자원으로 분류하지 않는다.

정답 ④

067 정부 조직상 서울시 각 자치구에 위치한 보건소는 어느 조직 소속인가? [2018, 서울]

① 행정안전부 ② 보건복지부
③ 질병관리본부 ④ 식품의약품안전처

해설

보건소는 행정안전부에 소속된 시·군·구의 보건행정조직이다.

정답 ①

068 다음 중 보건복지부 소속기관인 것은? [2016, 지방직 변형]

① 국립보건연구원 ② 식품의약품안전처
③ 국립망향의동산관리원 ④ 국립검역소

해설

보건복지부 소속기관은 국립정신건강센터, 국립나부병원, 국립부곡병원, 국립춘천병원, 국립공주병원, 국립소록도병원, 국립재활원, 국립장기조직혈액관리원, 오송생명과학단지지원센터, 국립망향의동산관리원, 건강보험분쟁조정위원회사무국, 첨단재생의료및첨단바이오의약품심의위원회사무국임.(2020/11/19 기존 보건복지부 소속기관이었던 국립목포병원, 국립 마산병원 및 국립검역소는 질병관리청 소속으로 변경됨. 국립보건연구원, 권역별 질병대응센터도 질병관리청의 소속기관임
식품의약품안전처는 식품·건강기능식품·의약품·마약류·화장품·의약외품·의료기기 등의 안전에 관한 사무를 관장하는 대한민국의 중앙행정기관이다.

정답 ③

069 보건복지부 조직도에서 현재 직제로 옳지 않은 것은? [2014, 서울 변형]

① 사회보장정책국
② 보건산업정책국
③ 장애인정책국
④ 건강정책국

현재 보건복지부는 장애인정책국, 사회보장위원회사무국, 건강보험정책국, 건강정책국, 보건산업정책국으로 구성되고 기획조정실, 사회복지정책실, 인구정책실, 보건의료정책실로 나누어진다.

 ①

070 건강보험심사평가원의 업무에 해당하는 것은? [2014, 서울]

① 건강보험급여 비용의 지급
② 요양급여의 적정성 평가
③ 가입자 및 피부양자 자격관리
④ 건강보험에 관한 교육 훈련
⑤ 가입자 건강유지증진을 위한 예방사업

①, ③, ④, ⑤는 국민건강보험공단의 업무이다.

 ②

071 COVID-19와 같은 신종 및 해외 유입 감염병에 대한 선제적 대응, 효율적 만성질환관리, 보건 의료 R&D 및 연구 인프라 강화가 주된 업무인 보건행정 조직은? [2022, 서울]

① 국립재활원
② 질병관리청
③ 국립검역소
④ 한국보건산업진흥원

질병관리청에 대한 설명이다.

 ②

072 <보기> 중 보건복지부의 소속기관을 모두 고른 것은? [2020. 서울]

보기
ㄱ. 국립재활원
ㄴ. 국립암센터
ㄷ. 국립중앙의료원
ㄹ. 건강보험분쟁조정위원회 사무국

① ㄱ, ㄷ
② ㄱ, ㄹ
③ ㄴ, ㄷ
④ ㄴ, ㄹ

해설

국립재활원과 건강보험분쟁조정위원회 사무국은 보건복지부 소속기관이다. 국립암센터와 국립중앙의료원은 소속기관에 해당하지 않는다.

정답 ②

073 1차 보건의료(Primary Health Care) 사업내용을 설명한 것으로 옳지 않은 것은? [2015. 경기]

① 가족계획을 포함한 모자보건
② 풍토병 예방 및 관리
③ 전문적인 치료서비스 제공
④ 필수 의약품 제공

해설

1차 보건의료 사업내용은 ① 현존하는 건강문제의 예방과 관리에 대한 보건교육 ② 식량 공급 및 적절한 영양 ③ 안전한 물의 공급 및 기본 위생 ④ 그 지역의 주된 감염병의 예방접종 ⑤ 가족계획을 포함한 모자보건 ⑥ 풍토병 예방과 관리 ⑦ 흔한 질환과 상해에 대한 적절한 관리 ⑧ 정신건강 증진 ⑨ 기본적인 의약품 공급

정답 ③

074 뢰머(Roemer)가 제시한 보건의료체계 분류에서 의료서비스는 개인의 구매력에 의해 좌우되며 보건의료비가 개인적으로 조달되는 것이 특징인 점을 강조한 유형은?
[2019. 서울]

① 자유기업형 ② 복지국가형
③ 저개발국가형 ④ 사회주의국가형

해설

Roemer의 국가보건의료체계 유형(시장 개입 정도에 따라)
- 자유기업형: 시장 의존(미국, 필리핀, 타이 등)
- 복지지향형: 사회보험방식 재원 조달(독일, 프랑스, 일본, 캐나다, 브라질, 인도 등)
- 보편주의형: 소득에 부과하는 세금으로 재원 조달(영국, 뉴질랜드)
- 사회주의형: 국가 의존(소련, 체코, 쿠바, 북한, 중국 등)

정답 ①

075 Roemer(1991)에 의한 국가보건의료체계 유형으로 옳은 것은?
[2015. 서울]

① 자유방임형, 사회보장형, 사회주의형
② 자유기업형, 복지지향형, 보편적 포괄주의형, 사회주의 중앙계획형
③ 사회보험, 공공부조, 공공서비스
④ 공적부조형, 의료보험형, 국민보건서비스

해설

Roemer의 국가보건의료체계 유형(시장 개입 정도에 따라)
- 자유기업형: 시장 의존(미국, 필리핀, 타이 등)
- 복지지향형: 사회보험방식 재원 조달(독일, 프랑스, 일본, 캐나다, 브라질, 인도 등)
- 보편주의형: 소득에 부과하는 세금으로 재원 조달(영국, 뉴질랜드)
- 사회주의형: 국가 의존(소련, 체코, 쿠바, 북한, 중국 등)

정답 ②

076 우리나라는 보건의료자원이 공공부문보다는 민간부문에 집중되어 있다. 이에 따른 문제점에 대한 설명으로 가장 옳지 않은 것은?

① 의료기관의 도시지역 편중
② 국민의료비의 과도한 상승
③ 예방 중심의 보건의료서비스
④ 보건정책 추진의 어려움

해설

우리나라 보건의료서비스는 예방 중심적이기 보다는 치료 중심적이다.

정답 ③

077 알마아타 선언에서 제시한 일차보건의료사업의 필수영역을 <보기>에서 모두 고른 것은?

[2020. 서울 7급]

보기

ㄱ. 가족계획을 포함한 모자보건
ㄴ. 주요 감염성질환에 대한 예방접종
ㄷ. 필수의약품의 보급
ㄹ. 안전한 식수의 공급과 기본적 위생

① ㄹ
② ㄱ, ㄴ
③ ㄴ, ㄷ, ㄹ
④ ㄱ, ㄴ, ㄷ, ㄹ

해설

알마아타 선언에서 제시한 일차보건의료사업의 필수영역에는 다음과 같은 내용이 포함된다.
일차보건의료는:
1. 한 국가와 지역사회의 경제적 상태와 사회문화적, 정치적 특징을 반영하고, 이로부터 서서히 발전한다. 그리고 사회학, 생의학, 보건의료 서비스에 대한 타당한 연구 결과와 공중보건의 경험을 적용하는 것에 기초한다.
2. 일차보건의료는 지역사회의 주요 건강문제를 다루며, 건강증진, 예방, 치료, 재활 서비스를 제공한다.
3. 최소한 다음을 포함한다.
 • 주요한 건강문제와 이러한 문제를 예방, 관리하는 방법에 대한 교육
 • 음식 공급과 적절한 영양의 증진
 • 안전한 물과 기본적인 위생 시설의 충분한 공급
 • 가족계획을 포함한 모성보호와 아동건강관리
 • 주요 감염성질환에 대한 예방접종
 • 지역 유행 질병에 대한 예방과 관리
 • 흔한 질병과 외상에 대한 적절한 치료
 • 필수 의약품 제공

정답 ④

078 세계보건기구(World Health Organization, WHO)가 제시한 일차보건의료(PHC)의 기본원칙에 해당하지 않는 것은?

[2018. 서울]

① 균등성
② 전문성
③ 유용성
④ 포괄성

접근성, 수용성, 유용성, 지불가능성이 일차보건의료의 기본원칙으로 제시된다. 전문성은 해당되지 않는다.

정답 ②

079 국민의료비는 지속적인 증가 추세에 있는 데 반해, 국민의 부담능력이 의료비 증가속도를 따라가기 어려울 것으로 전망됨으로 인해 의료비 증가에 따른 여러 가지 대책이 마련되고 있는데, 다음 중 국민의료비 증가 요인이 아닌 것은?

[2016. 지방직]

① 인구구조 및 유병양상의 변화
② 의료보장성의 강화
③ 의료서비스의 종류 및 수의 증가
④ 대체의료인력의 증가

국민의료비 증가요인은 수요측 요인과 공급측 요인으로 나눌 수 있다.

수요측 요인	공급측 요인
• 건강보험을 포함한 사회보장의 양적·질적 확대 • 소득 수준 향상 • 의료수요에 대한 다양한 욕구 • 고령화 사회의 진전 • 만성질환 증가(질병구조 변화) • 의료소비자의 지식 부족 • 질적인 삶을 추구하는 국민의 의식 변화	• 고가의료장비의 사용 증가 • 새로운 진단, 치료 기술이 개발되는 등 의료기술의 변화 • 전반적 임금 상승과 함께 의료서비스 종사자의 임금도 상승, 전문화·전문의 증가 • 의료서비스 생산에 투입되는 재료비 가격 상승 • 정보의 비대칭 • 진료비 지불제도(행위별 수가제)

정답 ④

080 의료비 상승에 대한 규제는 진료과정에 대한 통제와 투입자원에 대한 통제로 구분할 수 있다. 다음 중 투입자원에 대한 통제로 보기 어려운 것은?

[2015. 경기]

① 예산통제
② 의료인력의 통제
③ 진료시설의 표준화
④ 의료수가의 통제

해설

투입자원에 대한 통제방안으로는 진료시설의 표준화, 의료인력의 통제, 예산 통제, 의료장비 구입의 통제 등이 있다. 의료수가의 통제는 진료과정에 대한 통제이다.

정답 ④

081 홍역예방접종 의료수가를 1,000원에서 500원으로 인하하였더니, 수요가 1,000명에서 1,400명으로 늘었다면 가격탄력성(|E|)은?

[2019. 서울]

① 0.5
② 0.8
③ 1.0
④ 1.5

해설

가격탄력성(Price Elasticity): 상품의 가격 변화에 대한 판매(수요)량 변화

$$가격탄력성 = \frac{수요량의 변화량}{가격의 변화량} = \frac{400}{500} = 0.8$$

정답 ②

082 <보기>에 해당하는 본인부담금제도(Cost Sharing System)는? [2016, 서울]

> **보기**
> 의료비가 일정 수준에 이르기 전에는 전혀 보험급여를 해주지 않고, 그 이상에 해당하는 의료비만 보험급여의 대상으로 인정한다.

① 정률부담제(coinsurance)
② 정액부담제(copayment)
③ 급여상한제(limit)
④ 일정액 공제제(deductible clause)

해설
① 정률부담제(coinsurance, 본인 일부 부담제): 보험자가 의료비의 일정비율만 지불하고 나머지는 이용자가 부담하는 방식이다.
② 정액부담제(copayment): 의료이용의 내용에 상관없이 의료서비스 건당 일정액만 이용자가 부담하고 나머지는 보험자가 지불하는 방식이다.
③ 급여상한제(limit): 의료보험에서 지불하는 보험급여의 최고금액을 정하여 그 이하의 의료비에 대해서는 보험적용을 받고, 최고금액을 초과하는 의료비에 대해서는 의료서비스 이용자가 부담하는 방식이다.

정답 ④

083 진료비 중 일정한 금액까지는 환자 자신이 지불을 하며, 일정 금액이 넘어선 비용에 대해서는 보험자가 급여 대상에게 비용을 지불하게 하는 진료비 부담방식은? [2016, 지방직]

① 정액부담제
② 급여상한제
③ 일정액 공제제
④ 정률제

해설
① 정액부담제(copayment): 의료이용의 내용에 상관없이 의료서비스 건당 일정액만 이용자가 부담하고 나머지는 보험자가 지불하는 방식이다.
② 급여상한제(limit): 의료보험에서 지불하는 보험급여의 최고금액을 정하여 그 이하의 의료비에 대해서는 보험적용을 받고, 최고금액을 초과하는 의료비에 대해서는 의료서비스 이용자가 부담하는 방식이다.
④ 정률부담제(coinsurance, 본인 일부 부담제): 보험자가 의료비의 일정비율만 지불하고 나머지는 이용자가 부담하는 방식이다.

정답 ③

084 진료비 지불보상제도를 행위별 수가제에서 포괄수가제로 변경할 경우 예상되는 현상으로 옳은 것은?

[2017. 서울]

① 의료서비스 양과 질의 극대화
② 고가의료장비 사용의 증가
③ 진료비 청구와 심사 등 행정절차의 간소화
④ 환자와 의사의 만족감 증가

> **해설**
> 포괄수가제는 환자의 종류당 총 보수단가를 설정하여 보상하는 방식이다. 장점은 경제적 진료 수행 유도, 의료기관의 생산성 증대, 행정적 간편성이고, 단점은 서비스의 양 최소화, 규격화, 진료진에 대한 행정직의 지나친 간섭 등이 있다.
>
> 정답 ③

085 진료의 표준화와 진료비 산정의 간소화로 효율적인 행정이 가능하지만, 과소진료와 서비스 최소화 등의 문제점을 가진 진료비 지불 방법으로 옳은 것은?

[2017. 서울]

① 인두제
② 행위별 수가제
③ 포괄수가제
④ 총액계약제

> **해설**
> 포괄수가제는 환자의 종류당 총 보수단가를 설정하여 보상하는 방식이다. 장점은 경제적 진료 수행 유도, 의료기관의 생산성 증대, 행정적 간편성이고, 단점은 서비스의 양 최소화, 규격화, 진료진에 대한 행정직의 지나친 간섭 등이 있다.
>
> 정답 ③

086 포괄수가제의 장점이 <u>아닌</u> 것은? [2016. 지방직]

① 의료기관의 생산성을 증가시킬 수 있다.
② 경제적인 진료수행을 유도한다.
③ 치료에서 예방 중심의 의료로 전환을 유도한다.
④ 행정적으로 간편하다.

해설
치료에서 예방 중심의 의료로 전환을 유도하는 것은 인두제의 장점이다.

정답 ③

---

087 다음에서 설명하고 있는 의료보수 지불방식은 무엇인가? [2015. 경기]

> 진단명에 따라 진료비가 결정되는 보수지불방식으로 의료비와 과잉진료를 억제할 수 있지만 새로운 의·과학 기술의 적용에는 적합하지 못하며 진단이 불확실할 경우에는 적용하기에 무리가 있다.

① 인두제   ② 포괄수가제
③ 총괄계약제   ④ 행위별 수가제

해설
포괄수가제는 환자에게 제공되는 의료 서비스의 양과 질에 상관없이 환자 요양일수 별 혹은 질병별로 보수단가를 설정하여 미리 정해진 진료비를 의료기관에 지급하는 제도이다. 포괄수가제는 진단명이나 질환의 심각성, 자원소요에 관계없이 건당 정액을 부과하는 방식과 환자가 속한 DRG(ddiagnosis relate groups) 진단명에 따라 정액을 부과하는 질병군별 포괄수가제도 방식이 있다. 우리나라에서는 질병군별 포괄수가제가 시행되고 있다.

정답 ②

088 우리나라는 일부 의료행위에 대해 질병군별 포괄수가제로 진료비를 보상하고 있다. 다음 중 포괄수가제로 진료비가 보상되는 의료행위가 아닌 것은?

[2015, 서울]

① 백내장수술 ② 충수절제술
③ 슬관절치환술 ④ 제왕절개분만

해설

포괄수가제 적용 질환은 다음과 같이 7가지이다.
- 안과: 수정체수술(백내장 수술)
- 이비인후과: 편도 및 아데노이드 수술
- 일반외과: 항문 및 항문주위 수술, 서혜 및 대퇴부 탈장 수술, 충수절제술
- 산부인과: 자궁 및 자궁부속기 수술, 제왕절개분만

정답 ③

089 지불측과 진료측이 미리 진료보수총액을 정하는 계약을 체결하고, 진료측의 단체는 그 총액의 범위 내에서 진료를 담당하고, 지불자는 진료비에 구애받지 않고 보건의료서비스를 이용하는 제도는?

[2015, 서울]

① 행위별 수가제 ② 봉급제
③ 인두제 ④ 총액계약제

해설

총액계약제(총괄계약제)는 지불자 측과 진료자 측이 진료보수 총액의 계약을 사전에 체결하는 방식이다. 총진료비 억제가 가능하며 과잉진료에 대한 자율적 억제가 가능하다는 장점이 있다.

정답 ④

090 진료보수 지불제도에 대한 설명으로 옳지 않은 것은? [2014, 서울]

① 행위별 수가제 - 서비스의 양과 질을 최대화하는 경향이 있다.
② 인두제 - 등록된 환자 또는 사람 수에 따라 일정액을 보상받는다.
③ 봉급제 - 서비스가 관료적인 형태로 제공된다.
④ 포괄수가제 - 진료비 청구방법이 간편화된다.
⑤ 총액계약제 - 의료소비자의 자율적 규제가 가능하다.

해설

총액계약제는 의료공급자의 자율적 규제가 가능하다. 매년 진료비 계약을 둘러싼 교섭의 어려움으로 의료제공의 혼란을 초래할 우려가 있으며 새로운 기술의 도입이 지연될 수 있다는 단점이 있다.

정답 ⑤

091 다음에서 설명하는 진료보수지불제도는? [2014, 경기]

- 경영과 진료의 효율화에 기여한다.
- 질병군별 청구로 수가가 억제된다.
- 진료비 청구과정에서 갈등이 적다.
- 진료비 계산의 투명성을 제고한다.

① 포괄수가제
② 인두제
③ 봉급제
④ 행위별 수가제

해설

포괄수가제의 장단점은 다음과 같다.

장점	단점
• 경영과 진료의 효율화 • 의료의 생산성 증대 • 과잉진료, 의료서비스 오남용 억제 • 의료인과 심사기구·보험자 간의 마찰 감소 • 진료비 청구방법의 간소화 • 진료비 계산의 투명성 제고	• 비용을 줄이기 위해 서비스 제공을 최소화, 의료의 질적 수준 저하, 환자와의 마찰 우려, 조기 퇴원 • 진료진에 대한 행정직의 지나친 간섭 • DRG코드조작으로 의료기관의 허위부당청구 우려 • 의료의 다양성이 반영되지 않으므로 의료기관의 불만이 크고 제도 수용성이 낮음

정답 ①

092 다음에서 설명하는 진료보수지불제도는? [2014, 대구]

- 문자 그대로 의사가 맡고 있는 환자 수에 일정액을 곱하여 이에 상응하는 보수를 의사에게 지급한다.
- 의사는 진료비용을 적게 쓸수록 유리하므로 예방 의료에 관심이 높다.
- 환자와 의사 간 관계가 돈독하여 진료의 계속성이 보장된다.

① 포괄수가제 ② 봉급제
③ 인두제 ④ 총액예산제

해설

인두제는 등록된 환자 또는 주민 수에 따라 일정액을 보상받는 방식이다. 영국 등에서 시행하고 있으며, 장점은 진료의 계속성이 증대되어 비용이 상대적으로 저렴하고, 예방에 대한 관심이 커져서 질병 발생을 예방할 수 있으며, 과잉진료를 방지할 수 있다는 것이다. 단점은 환자의 선택권이 제한되고 서비스의 양을 최소화하는(과소 치료) 경향이 있으며, 고위험·고비용 환자를 기피하여 환자후송·의뢰가 증가하는 경향이 있다.

정답 ③

093 다음 내용을 모두 포함하는 진료비 지불방법은? [2022, 지방직]

- 과다한 행정관리비용 초래
- 과잉진료의 우려
- 의료기술 발전 유도

① 인두제 ② 봉급제
③ 총액계약제 ④ 행위별수가제

해설

① 인두제는 등록된 환자 또는 주민 수에 따라 일정액을 보상받는 방식으로 영국 등에서 사용하고 있다. 진료의 계속성이 증대되어 비용이 상대적으로 저렴하며 예방에 중점을 둔다는 장점이 있다.
② 봉급제는 사회주의국가나 영국과 같은 국영의료체계의 병원급 의료기관의 근무의에게 주로 적용되는 방식으로 농·어촌 등 벽·오지에 거주하는 국민이라도 쉽게 필요한 때 의료서비스를 제공받을 수 있으나 그 진료수준은 낮은편이다.
③ 총액계약제는 지불자 측과 진료자 측이 진료보수총액의 계약에 대해 사전에 체결하는 방식으로서, 서독이 대표적인 경우이다. 보험자 연합회와 보험의사회가 진료계약을 체결하고 각 보험자가 진료비용을 보험의사회에 지불하면, 의사회는 각 의사들에게 진료량에 비례하여 이를 배분하고 있다
④ 행위별 수가제는 제공된 의료서비스의 단위당 가격에 서비스의 양을 곱한만큼 보상하는 방식으로 한국, 일본, 프랑스 등에서 사용하고 있다. 과잉진료, 의료남용의 우려가 있다.

정답 ④

094 진료비 지불방법 중 포괄수가제의 특징만을 모두 고르면?　　　　　　　　　　　　　　　　[2022. 지방직]

| ㄱ. 진료의 지속성 유도 | ㄴ. 진료의 표준화 유도 |
| ㄷ. 진료비 산정의 간소화 | ㄹ. 첨단의학기술의 발전 유도 |

① ㄱ, ㄷ
② ㄱ, ㄹ
③ ㄴ, ㄷ
④ ㄴ, ㄹ

해설

포괄수가제의 특징은 진료의 표준화와 그로 인해 얻는 유익으로서 진료비 산정의 간소화, 행정비용의 감소 등이다.

정답 ③

095 건강보험재원 구성에 대한 설명으로 옳은 것은?　　　　　　　　　　　　　　　　[2022. 지방직]

① 건강보험재원 중 가장 큰 비중을 차지하는 수입원은 국고지원이다.
② 매년 국민건강증진기금에서 당해연도 보험료 예상 수입액의 6%에 상당하는 금액을 국민건강보험공단에 지원한다.
③ 매년 보험료 예상 수입액의 20 %에 상당하는 금액을 국고로 지원하여 건강보험의 재정건전성을 확보하고 있다.
④ 건강보험재정의 대부분은 지역가입자가 내는 보험료이다.

해설

1번 선지에서 건강보험재원 중 가장 비중을 차지하는 것은 보험료이다.
한편, 정부지원금은 2007년 부터 당해연도 보험료 예상수입액의 100분의 14는 정부지원으로, 100분의 6은 건강증진기금에서 지원하고 있다.
건강보험재정의 대부분은 지역가입자와 직장가입자가 내는 보험료로 구성된다.

정답 ②

096 <보기>의 특징에 해당하는 진료비 지불제는? [2021. 서울]

> **보기**
> • 지불단위가 가장 크다.
> • 보험자와 의사단체 간 계약 체결에 어려움이 있다.
> • 의료비 통제의 기능이 있으며, 과소진료의 가능성이 있다.

① 행위별 수가제 ② 포괄수가제
③ 인두제 ④ 총액계약제

해설

총액계약제는 지불자 측과 진료자 측이 진료보수총액의 계약에 대해 사전에 체결하는 방식으로서, 서독이 대표적인 경우이다. 보험자 연합회와 보험의사회가 진료계약을 체결하고 각 보험자가 진료비용을 보험의사회에 지불하면, 의사회는 각 의사들에게 진료량에 비례하여 이를 배분하고 있다.

정답 ④

097 <보기>에 해당하는 진료비 지불방법은? [2021. 서울 7급]

> **보기**
> • 의료인의 자율성이 보장되어 안정된 진료행위가 가능하다.
> • 의료인의 과잉진료로 환자의 진료비부담이 증가할 수 있다.
> • 진료비 청구, 심사와 같은 복잡한 행정관리비용이 증가한다.
> • 예방사업이 소홀해질 수 있다.

① 포괄수가제(Case-payment) ② 총액계약제(Global Budget)
③ 인두제(Capitation) ④ 행위별수가제(Fee For Service)

해설

① 포괄수가제는 환자의 종류당 총괄보수단가를 설정하여 보상하는 방식으로 미국에서 주로 사용하고 있다. 우리나라에서는 질병군별 포괄수가제를 시행하고 있으며 7가지 질병에 대해 적용하고 있다.
② 총액계약제는 지불자 측과 진료자 측이 진료보수총액의 계약에 대해 사전에 체결하는 방식으로서, 서독이 대표적인 경우이다. 보험자 연합회와 보험의사회가 진료계약을 체결하고 각 보험자가 진료비용을 보험의사회에 지불하면, 의사회는 각 의사들에게 진료량에 비례하여 이를 배분하고 있다
③ 인두제는 등록된 환자 또는 주민 수에 따라 일정액을 보상받는 방식으로 영국 등에서 사용하고 있다. 진료의 계속성이 증대되어 비용이 상대적으로 저렴하며 예방에 중점을 둔다는 장점이 있다.
④ 행위별 수가제는 제공된 의료서비스의 단위당 가격에 서비스의 양을 곱한만큼 보상하는 방식으로 한국, 일본, 프랑스 등에서 사용하고 있다. 과잉진료, 의료남용의 우려가 있다.

정답 ④

098 <보기>에서 의료비 상승 억제 효과가 있는 진료비 지불 제도를 모두 고른 것은? [2020. 서울]

보기
ㄱ. 인두제
ㄴ. 포괄수가제
ㄷ. 총액계약제
ㄹ. 행위별 수가제

① ㄱ, ㄴ
② ㄴ, ㄷ
③ ㄱ, ㄴ, ㄷ
④ ㄱ, ㄴ, ㄷ, ㄹ

해설

진료비 지불제도 중 의료비 상승 억제 효과가 기대되는 것은 인두제, 포괄수가제, 총액계약제이다. 봉급제, 일당정액제 등도 긍정적 효과가 있을 것으로 본다.

정답 ③

099 건강보험제도의 본인일부부담 방식에 대한 설명으로 가장 옳은 것은? [2020. 서울 7급]

① 일정액 공제제: 일정 한도까지의 의료비는 본인이 부담하고 그 이상의 의료비만 건강보험급여의 대상이 되는 방식
② 정률제: 보험급여의 최고액을 정하여 최고액을 초과하는 진료비는 이용자가 부담하는 방식
③ 정액부담제: 건당 일정액만 보험자가 부담하고 나머지는 환자가 지불하는 방식
④ 정액수혜제: 건당 일정액만 이용자가 부담하고 나머지는 보험자가 지불하는 방식

해설

정률제는 어떤 액수에서도 일정한 비율만큼 본인부담을 하는 방법이다.
한편, 정액부담제는 일정액만 이용자가 부담하는 방식, 정액수혜제는 거꾸로 이용하는 의료서비스 이용 건당 일정액만을 '보험자'가 부담하고 나머지 이용금액은 이용자가 모두 지불해야 하는 방식이다.

정답 ①

100 행위별수가제의 단점에 대한 설명으로 가장 옳지 않은 것은? [2020. 서울 7급]

① 단가가 높은 고급의료 쪽에 치중하는 경향이 있다.
② 행정관리비의 소모가 많은 편이다.
③ 과잉진료로 인한 의료비 상승이 높은 편이다.
④ 신기술 개발 및 도입에 어려움이 있다.

해설

행위별 수가제는 제공된 의료서비스의 단위당 가격에 서비스의 양을 곱한만큼 보상하는 방식으로 한국, 일본, 프랑스 등에서 사용하고 있다. 과잉진료, 의료남용의 우려가 있다. 그러나 이 제도의 경우 신기술 또는 고가의 의료서비스를 활용하는 속도는 다른 어떤 진료비 지불제도보다 우월하다. 이것이 의료비 상승의 이유가 되기도 한다.

정답 ④

101 우리나라에서 <보기>의 특성을 가진 진료비 지불제도가 적용되지 않는 질병군은? [2020. 서울 7급]

보기

환자에게 제공되는 진찰, 검사, 수술, 투약 등 진료의 횟수와 상관없이 미리 정해진 진료비를 의료공급자에게 지급한다.

① 편도수술
② 백내장수술
③ 제왕절개분만
④ 자궁 및 자궁부속기 악성종양 수술

해설

7개의 질병군, 즉 백내장수술, 항문수술, 맹장수술, 편도수술, 탈장수술, 자궁 및 자궁부속기(난소, 난관 등)수술, 제왕절개분만을 대상으로, 입원치료에 필요한 의료행위·치료재료·약제비용에 포괄수가가 적용된다. 악성종양 수술은 적용되지 않는 것으로 본다.

정답 ④

102 진료비 지불제도에 대한 설명으로 가장 옳은 것은? [2019. 서울 7급]

① 행위별 수가제는 의료인이 제공한 진료행위 하나하나 마다 일정한 값을 정하여 지불하는 제도로 과소진료가 우려된다.
② 포괄수가제는 진단명별로 일정한 액수를 지급하는 방식으로 서비스를 최대화하는 경향이 발생한다.
③ 총액계약제는 지불자와 공급자가 진료보수총액에 대하여 사전에 계약을 체결하므로 전문 과목별, 요양기관별 진료비 배분이 용이하다.
④ 인두제는 의료인이 맡게 되는 일정지역의 주민 수에 일정액을 곱하여 그에 상응하는 보수를 의료인 측에 지급하는 것으로 주로 1차 의료에 적합하다.

해설

① 행위별 수가제는 제공된 의료서비스의 단위당 가격에 서비스의 양을 곱한만큼 보상하는 방식으로 한국, 일본, 프랑스 등에서 사용하고 있다. 과잉진료, 의료남용의 우려가 있다.
② 포괄수가제는 환자의 종류당 총괄보수단가를 설정하여 보상하는 방식으로 미국에서 주로 사용하고 있다. 우리나라에서는 질병군별 포괄수가제를 시행하고 있으며 7가지 질병에 대해 적용하고 있다.
③ 총액계약제는 지불자 측과 진료자 측이 진료보수총액의 계약에 대해 사전에 체결하는 방식으로서, 서독이 대표적인 경우이다. 보험자 연합회와 보험의사회가 진료계약을 체결하고 각 보험자가 진료비용을 보험의사회에 지불하면, 의사회는 각 의사들에게 진료량에 비례하여 이를 배분하고 있다
④ 인두제는 등록된 환자 또는 주민 수에 따라 일정액을 보상받는 방식으로 영국 등에서 사용하고 있다. 진료의 계속성이 증대되어 비용이 상대적으로 저렴하며 예방에 중점을 둔다는 장점이 있다.

정답 ④

---

103 경상의료비와 OECD보고서에 대한 설명으로 가장 옳지 않은 것은? [2019. 서울 7급]

① 경상의료비는 보건의료재화 및 보건의료서비스의 소비를 위하여 국민 전체가 1년간 지출한 총액을 의미한다.
② OECD는 Health Statistics 2015부터 경상의료비를 대표 지표로 발표해 오고 있다.
③ OECD는 Health Statistics 2015에서 국민총생산(GNP)에 대한 경상의료비 비중으로 의료비 지출 수준을 보고 있다.
④ 경상의료비는 국민의료비에서 자본투자를 뺀 것이다.

해설

OECD의 보건통계에서는 국민총생산에 대한 경상의료비 비중이 아니라 보건의료부문 서비스 및 재화에 소비된 국민 전체의 1년간 지출 총액을 의미하는 경상의료비는 해당 연도 국내총생산(GDP) 대비로 계산한다.
우리나라의 경상의료비는 8.4%로 OECD 평균(9.7%)에 비교해서 낮았다.(2020년 기준)

 정답 ③

104 사회보장제도 중 소득보장이 아닌 것은? [2023. 지방직]

① 의료급여
② 국민연금
③ 고용보험
④ 국민기초생활보장

해설

사회보장제도는 의료보장과 소득보장으로 구분된다. 제도의 실행방식으로 사회보험, 공공부조, 사회복지서비스로 구분되는데 각 방식에서 소득보장, 의료보장이 나뉜다. 의료급여는 공공부조의 방식으로 의료보장을 이루며, 국민기초생활보장은 공공부조에서 소득보장에 해당한다.

정답 ①

105 의료전달체계의 목적이 아닌 것은? [2023. 지방직]

① 건강보험의 재정 안정 도모
② 의료자원의 효율적 이용
③ 고급화된 의료서비스 제공 촉진
④ 지역 및 의료기관 간의 균형적인 발전 도모

해설

의료전달체계의 목적은 보건의료서비스의 균형있는 제공을 위하며, 효율적 자원 개발 및 활용에 그 목적이 있다. 고급화된 의료서비스의 제공은 타당하지 않다.

정답 ③

106 비급여와 선별급여 등을 제외한 연간 본인부담금의 총액이 소득에 따른 일정 기준금액을 초과하는 경우, 그 차액을 국민건강보험공단이 부담하는 제도는? [2023. 지방직]

① 급여상한제
② 정액수혜제
③ 본인일부부담제
④ 본인부담상한제

해설

본인부담상한제는 과도한 의료비로 인한 가계 부담을 덜어 주기 위해 환자가 부담한 건강보험 본인 부담금이 개인별 상한액을 초과하는 경우 그 초과금액을 건강보험공단에서 부담하는 제도(국민건강보험법 시행령 제19조)이다. 국민건강보험법 제44조(비용의 일부부담) ② 제1항에 따라 본인이 연간 부담하는 본인일부부담금의 총액이 대통령령으로 정하는 금액(이를 본인부담상한액이라고 함)을 초과한 경우에는 공단이 그 초과 금액을 부담하여야 한다. 이 경우 공단은 당사자에게 그 초과 금액을 통보하고, 이를 지급하여야 한다고 명시한다. 한편 같은 조 1항에서는 ① 요양급여를 받는 자는 대통령령으로 정하는 바에 따라 비용의 일부(이를 본인일부부담금이라고 함)를 본인이 부담한다. 이 경우 선별급여에 대해서는 다른 요양급여에 비하여 본인일부부담금을 상향 조정할 수 있다고 규정한다.

정답 ④

107 포괄수가제(Diagnosis Related Groups)에 해당하는 질병군만을 모두 고르면? [2023. 지방직]

| ㄱ. 수정체 수술 | ㄴ. 갑상샘 수술 |
| ㄷ. 편도 및 아데노이드 절제술 | ㄹ. 서혜 및 대퇴부 탈장 수술 |

① ㄱ, ㄴ
② ㄷ, ㄹ
③ ㄱ, ㄷ, ㄹ
④ ㄴ, ㄷ, ㄹ

해설
포괄수가제의 적용을 받는 7가지 질병군은 수정체 수술, 편도선 수술, 탈장수술, 충수염수술, 자궁수술(악성 종양은 제외), 제왕절개, 항문(치질)수술이다. 갑상샘수술은 해당하지 않는다.

정답 ③

108 「노인장기요양보험」상 노인장기요양보험사업의 보험자는? [2023. 지방직]

① 국민연금공단
② 근로복지공단
③ 국민건강보험공단
④ 건강보험심사평가원

해설
건강보험의 보험자와 노인장기요양보험의 보험자는 모두 국민건강보험공단이다.

정답 ③

차원이 다른 노하우를 전수한다.

김태윤 보건행정

Part **02**

보건사업의 이해

1 공중보건의 이해
2 보건행정
3 보건의료서비스
4 건강증진과 보건교육

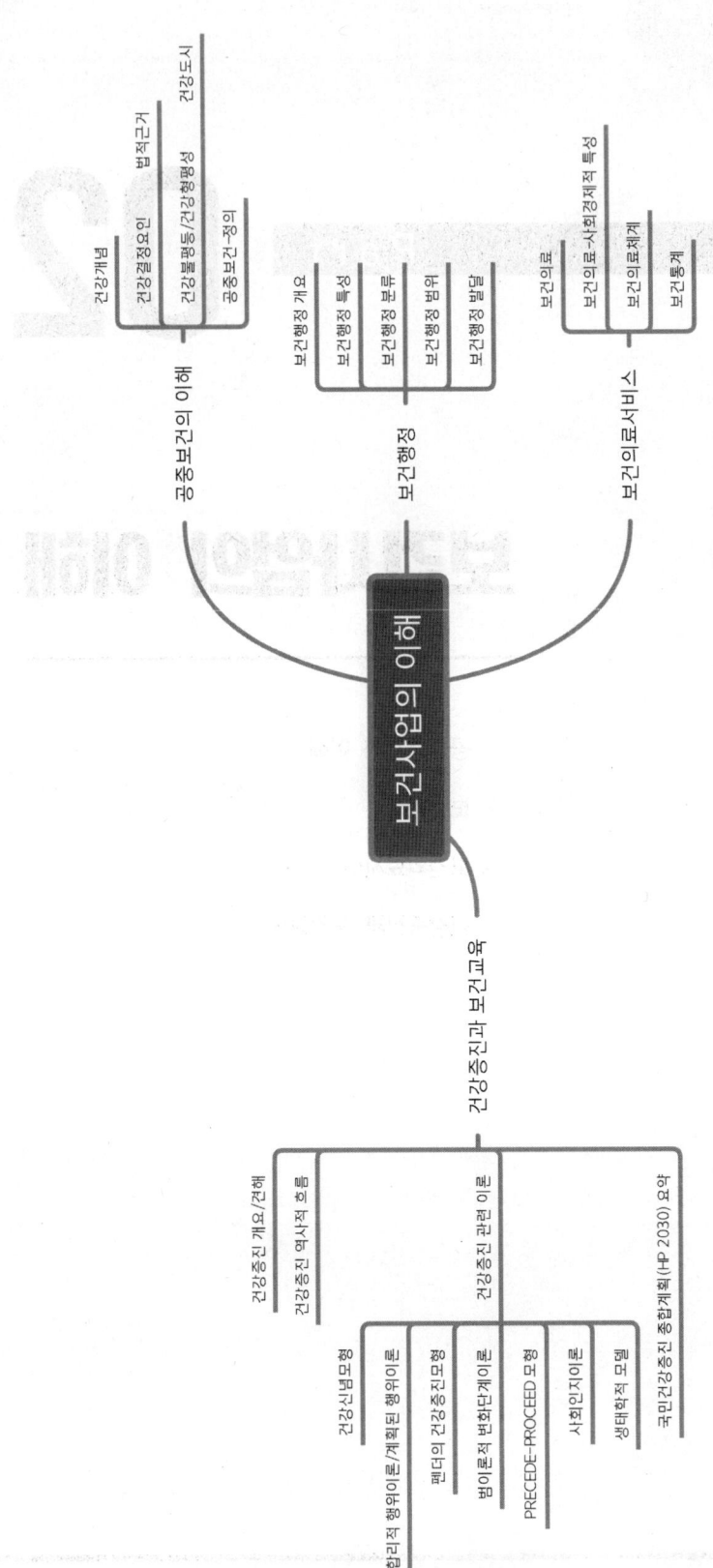

02편 보건사업의 이해

001 다음 중 검역제도의 기원이 된 감염병은? [2016. 서울]

① 콜레라
② 페스트
③ 결핵
④ 두창

해설
검역은 14세기 이탈리아에서 페스트(흑사병)로부터 해안가 도시를 보호하기 위해 도입되었다. (1383 검역법 제정)

정답 ②

002 보건행정의 역사를 시대순으로 바르게 나열한 것은? [2016. 지방직]

① 고대기 - 여명기 - 중세기 - 확립기 - 발전기
② 고대기 - 여명기 - 중세기 - 발전기 - 확립기
③ 고대기 - 중세기 - 여명기 - 확립기 - 발전기
④ 여명기 - 고대기 - 중세기 - 확립기 - 발전기

해설
고대기 - 중세기(암흑기) - 여명기(르네상스 시대, 근세기, 요람기, 태동기) - 확립기(근대기, 미생물 병인론기) - 발전기(현대)

정답 ③

003 우리나라 보건행정을 담당했던 기구의 명칭이 시대 순으로 바르게 연결된 것은? [2015, 경기]

① 위생국 - 위생과 - 보건후생부 - 사회부 - 보건부 - 보건복지부
② 위생국 - 위생과 - 사회부 - 보건부 - 보건후생부 - 보건복지부
③ 위생과 - 위생국 - 보건부 - 사회부 - 보건복지가족부
④ 위생과 - 위생국 - 사회부 - 보건후생부 - 보건복지가족부 - 보건복지부

해설

조선말기(갑오경장) **위생국**(보건행정기구) 설치 → 일제강점기 위생국-**위생과** → 미군정 보건후생국 → **보건후생부**로 승격 → **사회부**(1948) → **보건부**(1949) → 보건사회부(1955) → 보건복지부(1994) → 보건복지가족부(2008) → 보건복지부(2010)

정답 ①

004 조선 시대 보건행정기관과 그 역할로 옳은 것은? [2014, 서울]

① 대의감: 의약행정 총괄
② 활인서: 감염병 환자의 치료 및 관리
③ 혜민서: 왕실의 의료 담당
④ 약전: 의약교육의 시행
⑤ 상식국: 서민을 위한 구료제도

해설

① 대의감(태의감): 고려, 의약행정 총괄
③ 혜민서: 조선후기, 의약과 일반 서민을 위한 보건의료기관
④ 약전: 통일신라, 궁중의료기관, 《삼국사기》에 기록
⑤ 상식국: 고려, 식의(食醫) 배치

정답 ②

005 우리나라 보건행정의 역사로 옳지 않은 것은? [2014, 대구]

① 백제: 채약사
② 고려: 태의감
③ 조선: 혜민서
④ 1995년: 보건사회부가 보건복지부로 개칭

해설
1994년에 보건사회부에서 보건복지부로 개편

정답 ④

006 앤더슨(Anderson)의 공중보건사업 수행의 3대 수단에 해당하지 않는 것은? [2021, 서울]

① 봉사행정
② 보건교육
③ 예방의료
④ 법규에 의한 통제행정

해설
Anderson의 공중보건행정 수단은
(1) 보건행정(보건서비스에 의한 봉사행정)
(2) 보건교육(교육에 의한 조장행정)
(3) 보건관계법규(법규에 의한 통제행정)

정답 ③

007 제1차 건강증진국제대회인 캐나다 오타와(Ottawa) 헌장에 명시된 건강증진을 위한 중요원칙에 해당하지 않는 것은? [2019, 서울]

① 과학적 근거의 강화(Strengthen the Science and Art of Health Promotion)
② 지지적인 환경조성(Create Supportive Environments)
③ 건강에 좋은 공공정책 수립(Build Healthy PublicPolicy)
④ 지역사회 행동 강화(Strengthen Community Actions)

해설
오타와 헌장에서는 건강증진의 3대 원칙, 즉 옹호, 역량강화, 연합과 5대 활동요소, 건강한 공공정책의 수립, 지지적 환경의조성, 지역사회활동 강화, 개인의 기술개발, 보건의료서비스방향의 재설정을 제시하였다.

정답 ①

008 공중보건의 의미에 대한 설명으로 가장 옳은 것은? [2020. 서울]

① 질병을 치료하고 장애의 중증도를 낮추는 것에 중점을 둔다.
② 개인적인 노력이 가장 중요하다.
③ 위생적인 환경을 구축하여 건강행동을 실천한다.
④ 단일 조직의 전문적인 활동이 강조된다.

해설

공중보건에 접근 방향이 다양하지만 가장 중요한 것은 개인의 건강행동의 실천과 환경의 변화라고 이해할 수 있다.   정답 ③

009 다음은 보건행정이 추구하는 목적 중 무엇에 대한 내용인가? [2017. 지방직]

국민의 요구에 부응하는 보건정책을 수행하였는가를 묻는 것으로 정책 수혜자의 요구와 기대, 그리고 환경변화에 얼마나 융통성 있게 대처해 나가느냐에 대한 능력

① 대응성(Responsiveness)   ② 형평성(Equity)
③ 능률성(Efficiency)   ④ 효과성(Effectiveness)

해설

보건행정의 이념 중 대응성에 대한 설명이다.
[보건행정의 이념(가치)]

구분	내용
형평성(equity)	같은 상황의 사람에게 유사한 대우
능률성(효율성 efficiency)	한정된 자원(의료인력, 시설, 장비)으로 최대한의 보건의료 서비스를 제공하도록 유도
효과성(effectiveness)	의도, 기대한 상태가 나타나는 것. 행정 집행 후 나타나는 정책 목표의 달성정도
접근성(accessibility)	필요한 서비스의 경로를 알려주는 것
대응성(responsiveness)	국민의 요구에 부응하는 보건행정의 가치. 정책수혜자의 요구, 기대, 환경변화에 융통성 있게 대처하는 능력
민주성(democracy)	정책에 국민의 참여를 확대시키고 여론을 충실하게 반영하며 집행에 국민의 의사를 고려하는 것
참여성(participation)	다수의 국민들이 참여하는 것

정답 ①

010 지역사회 주민의 자발적 참여 없이는 성과를 기대하기 힘들다는 보건행정의 특성은? [2019, 서울]

① 봉사성
② 공공성 및 사회성
③ 과학성 및 기술성
④ 교육성 및 조장성

 해설

보건행정의 특성 중 교육성 및 조장성에 대한 설명이다.
- 봉사성: 보건행정은 국민의 건강향상을 위하여 적극적으로 서비스를 제공하는 봉사성을 지닌다.
- 공공성 및 사회성: 보건의료서비스는 사회·경제적 특성 상 공공재적 성격의 서비스이다. 따라서 정부는 사회구성원인 국민의 건강 향상을 위하여 노력해야 한다.
- 과학성 및 기술성: 보건의료서비스의 제공은 보건의료에 대한 지식과 기술을 갖춘 사람이 하게 된다. 따라서 과학적이고 기술행정적인 성격을 지닌다.
- 교육성 및 조장성: 국민의 건강을 향상시키기 위해 무엇보다도 중요한 것은 건강한 환경조건 및 건강행위를 실천하도록 하는 것이다. 이를 위하여 부단히 교육하고, 또한 자발적인 참여를 하도록 분위기를 조장하여야 한다.

정답 ④

011 보건행정의 특성으로 볼 수 없는 것은? [2016, 서울]

① 공공성
② 사회성
③ 교육성
④ 규제성

 해설

보건행정의 특성은 공공성과 사회성, 봉사성, 과학성과 기술성, 교육성과 조장성이다.

정답 ④

012 보건행정의 특징이 아닌 것은? [2016, 지방직]

① 봉사성
② 과학성
③ 합리성
④ 조장성

해설

보건행정의 특성은 공공성과 사회성, 봉사성, 과학성과 기술성, 교육성과 조장성이다.

정답 ③

013 보건행정의 특성을 설명한 것으로 옳게 짝지어진 것은? [2015. 경기]

┌───┐
│ ㉠ 공공성   ㉡ 독창성   │
│ ㉢ 봉사성   ㉣ 조장성   │
│ ㉤ 과학성   ㉥ 능률성   │
└───┘

① ㉠㉡㉢㉣   ② ㉠㉢㉣㉤
③ ㉡㉢㉤㉥   ④ ㉢㉣㉤㉥

해설

보건행정의 특성은 공공성과 사회성, 봉사성, 과학성과 기술성, 교육성과 조장성이다.

정답 ②

014 보건행정의 특성으로 옳은 것을 모두 고르면? [2014. 서울]

┌───┐
│ ㉠ 통합성   ㉡ 조장성   │
│ ㉢ 정치성   ㉣ 봉사성   │
└───┘

① ㉠㉡㉢   ② ㉠㉢
③ ㉡㉣   ④ ㉣
⑤ ㉠㉡㉢㉣

해설

보건행정의 특성은 공공성과 사회성, 봉사성, 과학성과 기술성, 교육성과 조장성이다.

정답 ③

015 학교보건교육은 보건행정의 어떤 측면과 가장 가까운가? [2014, 경기]

① 공공성 ② 봉사성
③ 기술성 ④ 조장성

해설
조장성과 교육성은 함께 하는 특성이다. 조장성이란 국민 스스로 질병예방과 건강증진을 위해 노력하도록 조장하는 보건행정의 특징을 말한다. 조장성과 교육성은 보건행정의 자율성과 지방분권성을 강조하는 말이다.
정답 ④

016 보건행정의 특성 중 틀린 것은? [2014, 대구]

① 강제성 ② 공공성
③ 봉사성 ④ 조장성

해설
보건행정의 특성은 공공성과 사회성, 봉사성, 과학성과 기술성, 교육성과 조장성이다. 보건행정의 이념(가치)는 형평성, 능률성, 효과성, 접근성, 대응성, 민주성 및 참여성이 있다.
정답 ①

017 세계보건기구(WHO)가 제시한 보건행정의 범위에 해당하는 것으로만 바르게 묶은 것은? [2022, 지방직]

① 보건관련 기록의 보존, 급·만성감염병 관리, 보건기획 및 평가
② 감염병 관리, 모자보건, 보건간호
③ 의료서비스 제공, 보건시설의 운영, 보건간호
④ 의료서비스 제공, 보건기록의 보존, 영·유아보건

해설
세계보건기구가 제시하는 보건행정의 범위는 보건관련 통계의 수집·분석·보존, 보건교육, 환경위생, 감염병 관리, 모자보건, 의료, 보건간호 등이다.
정답 ②

018 <보기>에서 설명하는 학자는? [2021. 서울 7급]

> **보기**
> 독일의 병리학자로 슐레지엔 지역에서 유행한 발진티푸스에 대한 연구보고서를 통해 질병의 원인은 세균에 있지만 질병의 확산과 개인의 감수성은 위생행정의 미비, 주거 환경, 작업 환경, 식생활 환경 등과 같은 사회경제적 요인에 의해 결정된다고 보았다. 또한 경제적 불평등과 봉건적 정치체계 등에 대한 혁명적 사회개혁의 필요성을 강조하였다.

① L. Pasteur(파스퇴르)
② R. Virchow(비르효)
③ J. Graunt(그라운트)
④ G. Fracastoro(프라카스토로)

해설
파스퇴르(1822)는 프랑스의 생화학자이며 로베르트 코흐와 함께 세균학의 아버지로 불린다. 한편 영국의 그라운트(1662)는 '사망표에 관한 자연적 및 정치적 관찰'을 저술하여 사망자수, 남녀수, 기혼자와 독신자수 등을 최초로 수량적으로 분석하였으며, 이탈리아의 프로카스토로(1564)는 '전염, 전염병 그리고 치료에 관한 세권의 책'을 기술하였다. **정답 ②**

019 보건행정의 특성에 대한 설명으로 가장 옳지 <u>않은</u> 것은? [2021. 서울 7급]

① 공공성 및 사회성을 지닌다.
② 국가가 국민의 행복과 복지를 위해 직접 개입하고 간섭하는 봉사행정이다.
③ 전문성이 요구되므로 지역사회 주민의 참여는 최소한으로 이루어진다.
④ 과학행정인 동시에 기술행정이다.

해설
지역사회 주민의 참여가 최대한으로 이루어지는 것이 바람직하다. **정답 ③**

020 의학지식과 의료기술의 발달, 보건의료산업의 발전과 더불어 대두된 보건행정의 중요성에 대한 설명으로 가장 옳지 않은 것은? [2020, 서울 7급]

① 보건의료비 지출 증가
② 건강권에 대한 인식 증대
③ 보건의료자원의 절대적 부족
④ 보건의료의 효율성 제고에 대한 문제

보건의료비가 증가하는 상황, 국민들이 건강에 대한 권리를 인식하는 것, 보건의료의 효율성의 제고를 위하여 보건행정의 중요성이 고려된다고 할 수 있다.
 ③

021 지역사회 주민의 자발적 참여 없이는 그 성과를 기대하기 어렵다는 보건행정의 특성은? [2019, 서울]

① 봉사성
② 공공성 및 사회성
③ 과학성 및 기술성
④ 교육성 및 조장성

주민의 자발적 참여를 유도하고 동기부여가 되어야 한다는 의미에서 보건행정의 특성은 교육성 및 조장성으로 이해된다.
 ④

022 한정된 보건의료자원으로 최대한의 보건의료서비스를 제공할 수 있도록 유도하는 보건행정의 가치는? [2019, 서울]

① 능률성(efficiency)
② 대응성(responsiveness)
③ 접근성(accessibility)
④ 효과성(effectiveness)

투입된 자원 대비 최대의 효과 또는 결과를 얻어낸다는 측면에서의 접근은 효율성 또는 능률성이다.
 ①

023 보건행정에서 거버넌스(governance)에 대한 설명으로 가장 옳은 것은? [2019, 서울]

① 시장체계 내에서 정부와 민간의 일이 엄격히 구분되는 것으로 본다.
② 정치 권력 하에 공공서비스의 생산과 공급을 정부가 독점한다.
③ 다양한 이해집단의 참여를 기초로 한 참여자 간 네트워크이다.
④ 이해관계자들 각각의 의견을 전적으로 반영한다.

해설

거버넌스는 일반적인 정의로 "과거의 일방적인 정부 주도적 경향에서 벗어나 정부, 기업, 비정부기구 등 다양한 행위자가 공동의 관심사에 대한 네트워크를 구축하여 문제를 해결하는 새로운 국정운영의 방식"으로 정의되는 바 다양한 이해관계자, 이해 당사자들의 참여를 근거로 한 참여자 네트워크로 이해된다.

정답 ③

---

024 보건의료서비스 시장에서 국가는 여러 가지 역할을 수행해야 한다. 국가의 역할 중 <보기>에서 설명하고 있는 내용으로 가장 옳은 것은? [2019, 서울 7급]

보기

위험(질병 등)이 발생할 가능성이 높은 사람들만 보험에 가입하거나, 보험자 측에서 위험 발생도가 낮은 사람만 선택적으로 보험에 가입시키는 역선택(adverse selection)이 발생하면 보험은 성립되지 못한다. 보험가입집단의 크기가 클수록 역선택의 문제는 자연적으로 해결된다. 결국 국가가 전국민을 상대로 강제적 보험을 실시하면 역선택의 문제에 가장 효율적으로 대처할 수 있다.

① 보험자로서의 역할(Organizer)
② 재정지원자로서의 역할(Financing)
③ 규제자로서의 역할(Regulator)
④ 보건의료서비스 제공자로서의 역할(Provider of Health Service)

해설

보건의료서비스 시장에서 국가의 역할은 다양하다. 이중 위의 보기에서는 보험자로서의 역할에 초점을 두고 '역선택'의 문제 등을 극복하는 방법을 제시하고 있다.

정답 ①

025 세계보건기구(WHO)와 에머슨(Emerson)의 보건행정 범위에 모두 포함되는 것은? [2019. 서울 7급]

① 보건검사실 운영 ② 보건교육
③ 만성병관리 ④ 보건간호

해설
에머슨은 보건행정의 범위로서 보건통계, 대중에 대한 보건교육, 환경위생, 감염병관리, 모자보건, 만성병관리, 보건검사실 운영 등을 제시하였고, WHO에서는 환경위생, 감염병관리, 모자보건, 보건간호, 보건교육, 의료서비스 제공, 보건관련 기록의 보존 등을 제시하였다.

정답 ②

026 보건의료서비스의 질 평가 중 과정평가에 해당하는 것은? [2014. 경기]

① 의료이용도 조사 ② 의료기관 신임제도
③ 환자만족도 ④ 면허와 자격인증

해설
② 구조평가, ③ 결과평가 ④ 구조평가에 해당한다.

정답 ①

027 의료의 질 평가 중 과정평가에 해당하는 것은? [2014. 대구]

① 의료기관 신임제도 ② 적절성 평가
③ 자격증 발급 실태 평가 ④ 임상진료지침

해설
①, ②, ③ 모두 구조평가에 해당한다.

정답 ④

028 보건의료전달체계의 목적은? [2014, 대구]

① 신의료기술 발전
② 의료자원의 효율적 활용
③ 국민의료비 증가
④ 국가계획 중심의 의료보장

 해설

보건의료전달체계의 목적은 가용 자원의 효율적인 활용을 통한 적정 서비스 제공, 질적 적정성 보장, 의료이용의 형평성 확보, 의료시장의 공정한 경쟁질서 확립 등이다.

정답 ②

029 건강증진에 관한 설명으로 옳지 않은 것은? [2014, 경기]

① 건강증진의 스펙트럼은 범위가 넓어질수록 간단한 형태에서 복잡한 형태로 발전해 간다.
② 기초적 근거로서 사회역학이 이용된다.
③ 건강증진은 개인 지식의 증대보다는 보건의료체계의 적절성 향상, 건강에 영향을 주는 정치적·환경적 요인에 대한 자각을 일깨우는 것을 포함한다.
④ 보건교육, 예방, 건강보호를 포함하는 광의적 의미에서는 환경요인을 중시한다.

 해설

건강증진은 보건교육적, 건강보호적, 예방의학적 수단 등을 통해 건강 잠재력을 향상시키고 위험요인을 감소시킴으로써 건강을 유지·증진하고자 하는 것이다.

정답 ③

030 다음 글에서 설명하는 것으로 옳은 것은? [2017, 서울]

> 국민들의 건강증진을 성취하기 위해 건강에 대한 관심과 보건의료의 수요를 충족시키는 건강한 보건정책을 수립하도록 촉구하는 개념을 의미한다.

① 수용(Acceptance)
② 역량강화(Empowerment)
③ 연합(Alliance)
④ 옹호(Advocacy)

해설

[건강증진의 3대 원칙]

옹호 (Advocacy)	건강에 대한 관심을 불러일으키고, 보건의료 수요를 충족할 수 있는 건강한 보건정책을 수립하는 것
역량강화 (Empowerment)	개인과 가족이 건강을 유지할 수 있는 권리를 인정하며, 그들이 스스로 건강관리에 적극 참여하여 자신들의 행동에 책임을 갖도록 하는 것
연합 (Alliance)	모든 사람들이 건강하도록 관련 전문가들이 연합해야 하는 것

정답 ④

031 다음 글에서 설명하는 건강모형으로 옳은 것은? [2017, 서울]

> • 정신과 신체의 이원성
> • 특정 병인설
> • 전문가 중심의 의료체계에 중점

① 생의학적 모형
② 생태학적 모형
③ 세계보건기구 모형
④ 사회·생태학적 모형

 해설

건강과 질병에 대한 접근에서 <u>생의학적 모형</u>은 특정한 질병은 특정한 원인에 의하여 발생하는 것으로 설명하며, 건강판단의 주체는 <u>전문의료인</u>이다. 지문에서 '정신과 신체의 이원성을 말하며, 전문가 중심의 의료체계에 중점을 두는 건강모형'은 <u>생의학적 모형</u>이다.

 정답 ①

032 건강증진사업을 시행하는 데 있어서 건강에 미치는 영향이 가장 크고 지역사회와 개인의 노력을 통해 어느 정도 관리와 통제가 가능한 건강결정요인은?

[2017, 서울]

① 유전적 요인
② 환경적 요인
③ 생활습관 요인
④ 보건의료체계 요인

해설

라론드의 건강의 장(場) 모형에 의하면 인간의 건강수준은 보건의료제도(10%), 환경요인(20%), 생활습관(50%), 유전적 요인(20%)에 의해 복합적으로 결정된다. 이 중 건강에 미치는 영향이 가장 크고 지역사회와 개인의 노력을 통해 어느 정도 관리와 통제가 가능한 건강결정요인은 생활습관 요인이다.

정답 ③

033 라론드(Lalonde)의 건강결정요인 중 건강의 결정에 가장 큰 영향을 미치는 요인은?

[2016, 서울]

① 문화적 요인
② 유전적 요인
③ 보건의료서비스
④ 개인의 생활습관

해설

라론드의 건강의 장(場) 모형에 의하면 인간의 건강수준은 보건의료제도(10%), 환경요인(20%), 생활습관(50%), 유전적 요인(20%)에 의해 복합적으로 결정된다.

정답 ④

034 세계보건기구(WHO; World Health Organization)가 제시한 1차 보건의료(PHC)의 기본원칙에 해당하지 않는 것은?

[2018, 서울]

① 균등성
② 전문성
③ 유용성
④ 포괄성

해설

WHO가 제시한 일차보건의료의 원칙에는 4A(접근성, 수용성, 유용성, 지불가능성 등)가 제시되며, 보편적이고 필수적인 의료에 대한 원칙을 제시한다. 전문성은 이에 해당하지 않는다.

정답 ②

035 알마아타 선언에서 제시한 1차 보건의료 사업이 아닌 것은?   [2017, 서울]

① 감염병에 대한 예방접종
② 산업장 위생 및 안전관리
③ 모자보건 및 가족계획
④ 적절한 식생활과 영양개선

해설

알마아타 선언(Alma Ata Declaration)은 1978년 카자흐스탄 알마아타에서 열린 일차보건의료에 대한 국제회의에서 채택된 선언문이다. "모든 사람에게 건강을"("Health for All")이라는 표제 아래 2000년까지 일차보건의료를 이용한 인간의 건강 증진을 목표로 하였다. 알마아타 선언에서 제시한 1차 보건의료 사업은 다음과 같다. ① 주요한 건강문제와 이러한 문제를 예방·관리하는 방법에 대한 교육 ② 음식 공급과 적절한 영양의 증진 ③ 안전한 물과 기본적인 위생 시설의 충분한 공급 ④ 가족계획을 포함한 모성보호와 아동건강관리 ⑤ 주요 감염성질환에 대한 예방접종 ⑥ 지역 유행 질병에 대한 예방과 관리 ⑦ 흔한 질병과 외상에 대한 적절한 치료 ⑧ 필수 의약품 제공

정답 ②

036 제1차 건강증진국제대회인 캐나다 오타와(Ottawa) 헌장에 명시된 건강증진을 위한 중요 원칙에 해당하지 않는 것은?   [2019, 서울 변형]

① 과학적 근거 강화
② 지지적 환경의 조성
③ 건강에 좋은 공공정책 수립
④ 보건의료서비스 방향의 재설정

해설

오타와(Ottawa) 헌장에 명시된 건강증진을 위한 중요 원칙	
건강지향적인 공공정책 수립	정책이 사람들의 건강에 미치는 영향을 고려하여 건강에 좋은 공공정책을 수립한다.
지원적 환경의 조성	건강에 대한 바람직한 환경을 만들기 위해서 사회적, 생태학적 접근이 요구된다. 생활환경이나 작업 조건 등을 안전하고 건강에 유익한 상태로 만드는 것이 곧 건강한 사회를 조성하는 것이다.
지역사회 활동 강화	지역사회 자원을 조직화하고 지역사회 역량을 높여서 건강 관련 활동을 더욱 활발하게 한다.
개개인의 건강기술 개발	건강에 대한 정보제공과 교육을 통해 각 개인이 자신의 건강증진에 필요한 기술을 갖도록 한다.
보건의료서비스의 방향 재설정	보건부문의 역할을 임상치료의 영역을 넘어서 건강증진을 지향해야 한다.

정답 ①

037 1986년 WHO 제1차 국제건강증진회의(오타와, 캐나다)에서 발표한 건강증진사업 5대 영역이 아닌 것은?

[2014. 서울]

① 건강한 공공정책 구축
② 지원적 환경 창출
③ 지역사회 활동 강화
④ 건강에 대한 사회의 책임 제고
⑤ 보건서비스의 방향 재설정

해설

건강증진사업 5대 영역

건강지향적인 공공정책 수립	정책이 사람들의 건강에 미치는 영향을 고려하여 건강에 좋은 공공정책을 수립한다.
지원적 환경의 조성	건강에 대한 바람직한 환경을 만들기 위해서 사회적, 생태학적 접근이 요구된다. 생활환경이나 작업조건 등을 안전하고 건강에 유익한 상태로 만드는 것이 곧 건강한 사회를 조성하는 것이다.
지역사회 활동 강화	지역사회 자원을 조직화하고 지역사회 역량을 높여서 건강 관련 활동을 더욱 활발하게 한다.
개개인의 건강기술 개발	건강에 대한 정보제공과 교육을 통해 각 개인이 자신의 건강증진에 필요한 기술을 갖도록 한다.
보건의료서비스의 방향 재설정	보건부문의 역할을 임상치료의 영역을 넘어서 건강증진을 지향해야 한다.

정답 ④

038 WHO는 "2000년까지 모든 주민에게 건강을(Health for All by the Year 2000)"이라는 목표를 설정하였는데, 이에 따라 1차 보건의료에 관한 국제회의가 개최된 도시는?

[2014. 경기]

① 태국 방콕
② 캐나다 오타와
③ 구소련 알마아타
④ 케냐 나이로비

해설

1978년 알마아타 회의에서 '2000년까지 세계 모든 인류에게 건강을' 목표로 설정하고, 일차보건의료의 중요성이 제안되었다.

정답 ③

039 PRECEDE-PROCEED 모형에서 규명된 특정 건강행위에 영향을 주는 소인요인, 강화요인, 촉진요인을 사정하는 단계는?

[2016. 지방직]

① 사회적 진단단계
② 역학적 진단단계
③ 행동적 진단단계
④ 교육적 진단단계

해설

[PRECEDE-PROCEED 모형]

1단계 사회적 사정	• 대상 인구집단의 삶의 질에 영향을 미치는 사회적 문제 사정
2단계 역학, 행위 및 환경적 사정	• 1단계에서 발견된 사회적 문제에 영향을 미치는 구체적인 건강문제 또는 건강목표를 규명하고 그 건강문제들에 대하여 우선순위를 정하여 제한된 자원을 사용할 가치가 가장 큰 문제 규명 • 유병률, 사망률, 장애율, 평균수명, 건강수명 등
3단계 교육 및 생태학적 사정	• 보건교육의 내용설정을 위한 단계로서 2단계에서 규명된 건강행위를 유발시키고 건강행위 결정에 영향을 주는 성향요인, 강화요인, 촉진요인 사정
4단계 행정 및 정책적 사정	• 보건교육 프로그램을 실행하는데 관련된 행정 또는 정책적 문제를 사정하여 프로그램 개발에 반영 • 행정적, 정책적, 조직적 요인
5단계 실행	• 프로그램 수행
6단계 평가	• 과정평가 • 영향평가 • 결과평가

 정답 ④

040 <보기>에 해당하는 건강행동 변화 이론은?

[2016. 서울]

보기

• Bandura 등에 의해 제시되었다.
• 보건교육 프로그램에서 교육대상자에게 성공 경험을 제공함으로써 자기효능감을 갖도록 유도하였다.

① 인지조화론
② 건강신념모형
③ 사회인지이론
④ 합리적 행동론

해설

사회인지이론은 인지과정이 행동에 영향을 미치는 것을 강조하는 이론이다. 즉, 인간의 행위, 인지를 포함한 개인적 요소, 환경적 영향 이 세 가지가 서로 역동적으로 상호작용하면서 개인의 행위가 결정된다고 본다. 반두라는 행위변화를 위해서는 자기효능이 중요한 요소라고 하였다.

 정답 ③

041 다음에서 설명하는 보건사업 내용을 아래의 평가 유형에서 모두 고르면? [2022. 지방직]

- 사업의 목적과 목표를 달성하였는가?
- 사업 진행상 의도치 않은 결과는 없는가?
- 사업의 진행정도가 목표대비 의도한 대로 실행되고 있는가?

ㄱ. 구조평가　　　ㄴ. 과정평가　　　ㄷ. 결과평가

① ㄱ
② ㄴ
③ ㄱ, ㄴ
④ ㄴ, ㄷ

해설
보건사업의 평가 중 목적과 목표를 달성했는지는 '결과평가'의 측면에서, 진행상의 의도치 않은 결과는 '과정평가'에서 확인한다. 또 사업의 진행정도가 목표 대비하여 의도대로 가고 있는 지 역시 과정평가의 범주에서 설명된다.

정답 ④

042 〈보기〉의 요인이 질병발생에 영향을 미친다는 건강 접근모형은? [2022. 서울]

보기
- 숙주요인　　　・외부환경요인　　　・개인행태요인

① 전인적 모형
② 생태학적 모형
③ 생의학적 모형
④ 사회생태학적 모형

해설
숙주요인, 외부환경요인, 개인행태요인으로 질병발생에 영향요인 또는 건강의 결정요인을 설명하고 있는 건강접근모형은 '사회생태학적 모형'이다.

정답 ④

043 '건강증진과 개발 - 수행역량 격차해소'라는 슬로건 아래 〈보기〉와 같은 내용을 논의한 건강증진 국제회의는?

[2022, 서울]

보기
- 지역사회 권능부여
- 보건시스템 강화
- 건강증진 역량 구축
- 건강지식 및 건강행동
- 파트너십 및 부문 간 활동

① 제1차 회의, 캐나다 오타와
② 제2차 회의, 호주 애들레이드
③ 제4차 회의, 인도네시아 자카르타
④ 제7차 회의, 케냐 나이로비

해설

제1차 캐나다 오타와 헌장과 원칙을 꼭 기억해야한다. 한편 케냐 나이로비의 회의(7차)에서는 특징적으로 파트너십 및 부문간 활동을 제안하였고, 2013년 핀란드 헬싱키에서는 모든 정책에서 보건지향적 노력을 그리고 2016년 중국 상하이에서는 SDGs(지속가능한 개발목표) 달성을 위한 보건영역의 역할을 제안하였다.

정답 ④

044 보건사업에 투입된 자원 즉 인력, 시설, 장비, 재정 등이 적합한지를 판정하는 보건사업평가의 유형은?

[2022, 서울]

① 구조평가
② 과정평가
③ 산출평가
④ 영향평가

해설

투입된 자원에 대한 평가는 구조평가의 내용이다.

정답 ①

045 건강행태 모형 중 건강믿음모형(Health Belief Model)에 대한 설명으로 가장 옳지 않은 것은? [2021. 서울]

① 사람들은 어떤 질병에 걸릴 감수성을 생각한다.
② 일종의 심리적인 비용-편익 비교 모형이다.
③ 어떤 질병에 걸렸을 때 나타날 수 있는 질병의 심각성을 주관적으로 판단한다.
④ 올바른 지식의 축적을 통해 태도의 변화를 가져올 수 있으며, 이를 통해 바람직한 건강행태가 일어날 수 있다.

해설

건강믿음모형 또는 건강신념모형에서는 지각된 유익성과 장애성을 비교하여 그 차이가 큰 경우에 건강행위가 시작되는 것으로 설명한다. 1-3번 선지는 건강신념모형의 구성요소, 예컨대 1번선지는 지각된 민감성, 2번 선지는 유익성과 장애성의 차, 3번 선지는 지각된 심각성을 고려하는 것이나 4번 선지는 해당 모형만이 아니라 건강증진모형 전체에 다 해당하는 것이라고 이해할 수 있다.

정답 ④

046 PRECEDE-PROCEED 모형에서 건강행위에 영향을 주는 소인성요인, 강화요인, 가능요인을 사정하는 단계는? [2020. 서울 7급]

① 사회적 진단
② 역학적 진단
③ 행정적 및 정책적 진단
④ 교육적 및 생태학적 진단

해설

소인요인, 강화요인, 가능요인은 교육적 및 생태학적 진단 또는 사정 단계에서 확인하게 된다.

정답 ④

047 보건의료서비스 질 관리 방법 중 의료기관에서 환자입원의 타당성, 재원기간의 적절성, 과잉·과소진료 여부를 평가하는 접근법은?

[2020, 서울 7급]

① 구조적 접근
② 과정적 접근
③ 결과적 접근
④ 간접규제

환자입원의 타당성, 재원기간의 적절성, 과잉, 과소진료의 여부 등은 진료과정과 치료과정, 의료의 질 평가의 주된 영역이라고 볼 수 있다. 의료자원 이용심사, 의료감사, 동료의사심사 등의 내용도 과정적 접근과 평가에 해당하는 것으로 본다.

 ②

048 도나베디안(Donabedian)의 보건의료서비스 질 평가 중 구조적 접근은?

[2023, 지방직]

① 면허제도
② 고객만족도
③ 임상진료지침
④ 의료이용도조사

도나베디안은 질평가와 관련하여 구조, 과정, 결과적 접근을 제시한다. 사안에서 구조적 접근에 해당하는 것은 1번 면허제도이고, 2번은 결과, 3, 4번은 과정적 평가요소라고 볼 수 있다.

 ①

049 서치만(Suchman)의 보건사업 평가 항목 중 다음 사례에 해당하는 것은?

[2023, 지방직]

• 금연사업을 통한 흡연율 감소
• 결핵관리사업을 통한 결핵 환자 발견 건수 증가

① 성과
② 과정
③ 노력
④ 효율성

서치만의 보건사업 평가 항목은 업무량/노력에 대한 평가, 성과에 대한 평가, 성과의 충족량에 대한 평가, 효율성 평가, 진행과정에 대한 평가로 구분된다. 사례의 내용은 성과에 해당하는 내용으로 볼 수 있다.

 ①

차원이 다른 노하우를 전수한다.

김태윤 보건행정

Part **03**

보건사업기획

1 기획의 이해
2 보건사업기획의 방법론

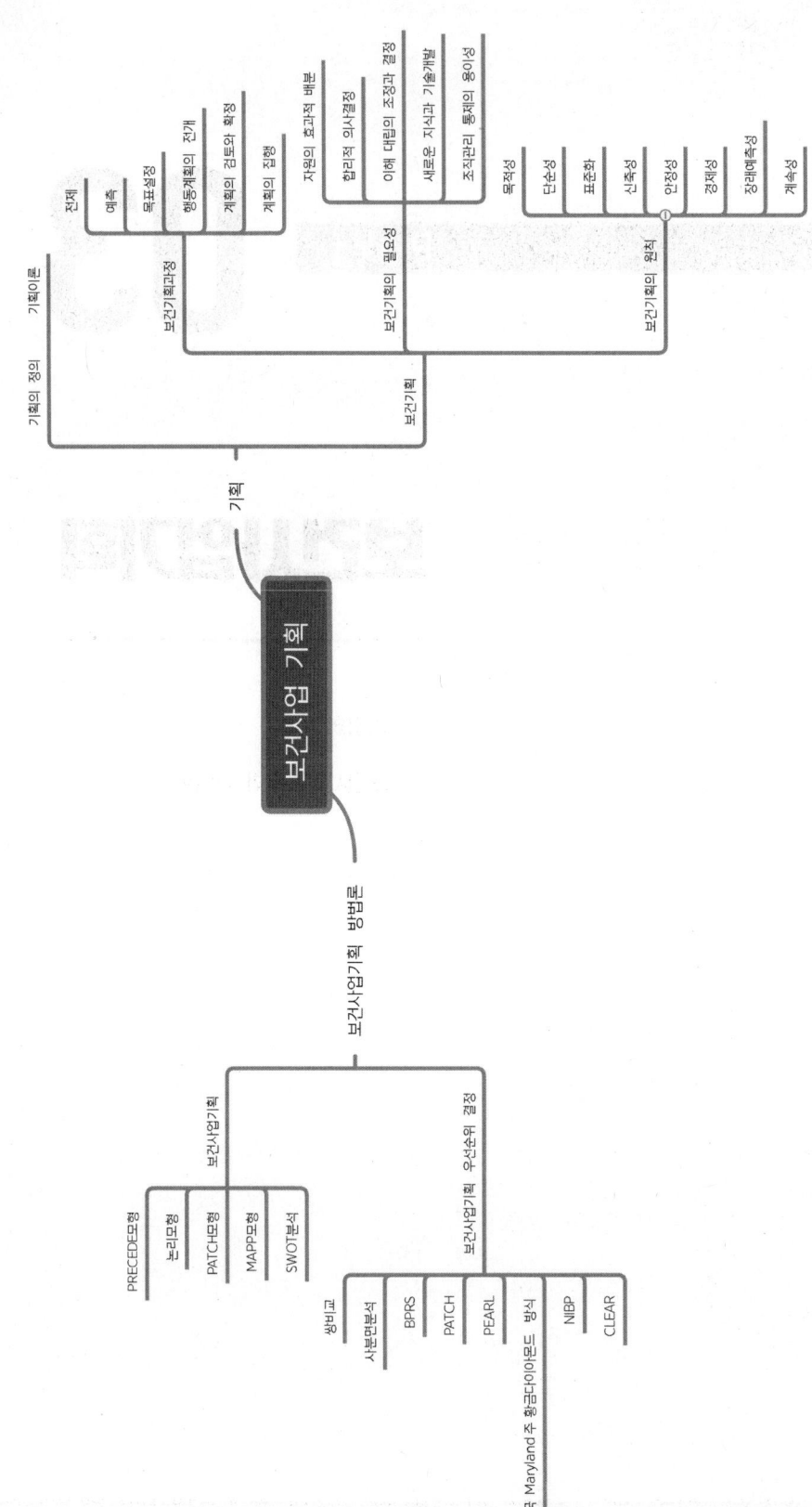

03편 보건사업기획

001 보건기획의 필요성에서 사회경제적 중요성에 따라 우선순위를 결정하는 궁극적인 이유는? [2017, 서울]

① 이해대립의 조정 및 결정
② 새로운 지식과 기술 개발
③ 각종 요구와 희소자원의 효과적 배분
④ 합리적 의사결정

해설

보건기획의 필요성
- 각종 요구와 희소자원의 효과적인 배분
- 합리적 의사결정
- 이해대립의 조정 및 결정
- 새로운 지식과 기술개발에 따른 적용

정답 ③

002 메르스(MERS)에 대한 예방 및 관리대책을 기획할 때 지켜야 할 원칙은? [2017, 서울]

① 불분명하지만 포괄적인 목적이 제시되어야 한다.
② 불필요한 수정은 피하고 일관성 있도록 해야 한다.
③ 전문적인 용어를 많이 사용하는 것이 더 좋은 기획이 된다.
④ 기획수립에는 가능한 모든 자원을 동원하고 경제성은 고려하지 말아야 한다.

해설

[보건기획의 원칙]

목적성의 원칙	명확하고 구체적인 목적이 제시되어야 한다.
안전성의 원칙	빈번한 보건기획의 수정은 피해야 한다.
단순성의 원칙	보건기획은 간결·선명해야 하며 가능한 어렵고 전문적인 서술은 피해야 한다.
경제성의 원칙	보건기획의 작성에는 막대한 물적·인적자원과 시간이 소요되므로 가능한 현재 사용가능한 자원을 활용하도록 한다.

정답 ②

003 다음 중 기획의 필요성으로 옳은 것을 모두 고르면? [2014. 서울]

> ㉠ 이해대립의 조정 및 결정
> ㉡ 새로운 지식과 기술개발
> ㉢ 자원의 효과적 배분
> ㉣ 재정의 균등한 배분

① ㉠㉡㉢
② ㉠㉢
③ ㉡㉣
④ ㉣
⑤ ㉠㉡㉢㉣

해설

기획의 필요성
- 효율성 증진
- 합리성 증진
- 프로그램 관련자들의 관심과 욕구 충족
- 불확실성 감소
- 효과성 증진
- 책임성의 이해를 돕는다.
- 구성원의 사기진작을 돕는다.

정답 ①

004 보건기획의 원칙에 해당하는 것을 모두 고르면? [2015. 경기]

가. 단순성의 원칙	나. 신축성의 원칙
다. 안전성의 원칙	라. 장래예측성의 원칙
마. 계속성의 원칙	

① 가, 다, 라
② 나, 라, 마
③ 가, 다, 라, 마
④ 가, 나, 다, 라, 마

해설

[보건기획의 원칙]

구분	내용
목적성의 원칙	명확하고 구체적인 목적이 제시되어야 한다.
단순성의 원칙	보건기획은 간결·선명하여야 하며 어렵고 전문적인 용어 사용은 피해야 한다.
표준화의 원칙	기획 대상인 예산, 서비스, 사업방법 등을 표준화하여야 한다.
신축성의 원칙	유동적인 보건행정 상황에 대응하여 수정이 가능하도록 해야 한다.
안전성의 원칙	빈번한 보건기획의 수정은 피해야 한다.
경제성의 원칙	가능한 현재 사용 가능한 자원을 활용하도록 해야 한다.
장래예측의 원칙	보건기획에 있어서 예측은 달성 여부에 결정적인 영향을 미치므로 명확해야 한다.
계속성의 원칙	보건기획은 조직 계층을 따라 연결되고 계속되어야 하며, 구체화되어야 한다.

정답 ④

005 지역사회보건사업을 시행하기에 앞서 지역사회진단을 실시하는 목적으로 옳지 않은 것은?

[2022, 지방직]

① 지역사회의 보건문제와 보건 요구도를 파악하여 사업의 우선순위를 결정하기 위해서 실시한다.
② 지역사회의 인구·사회학적 자료를 근거로 해당 지역의 보건상태를 구체적으로 파악하기 위해서 실시한다.
③ 건강과 질병에 영향을 미치는 가정, 지역사회의 제반 요소 및 가용자원 등에 대한 상황을 파악하기 위해서 실시한다.
④ 지역사회에 장기간 거주하고 있는 보건의료 취약계층만을 대상으로 경제 및 보건상태를 파악하기 위해서 실시한다.

지역사회보건사업은 특정 계층에 대한 사정 또는 평가만을 위한 것이 아니다. 지역사회의 보건문제와 요구도의 파악 및 사회적, 역학적 사정을 통해 우선순위를 파악하고 그에 따른 자원의 활용가능성 등을 고려하여 문제를 해결하는 과정이 필요하다.

정답 ④

006 보건행정을 '공중보건의 목적을 달성하기 위해 행정조직을 통하여 행하는 일련의 과정'이라고 정의할 때 내포된 특징으로 가장 옳지 않은 것은?

[2021, 서울]

① 보건행정은 지역사회 주민의 건강증진에 중점을 둔다.
② 지역사회 주민의 욕구와 수요를 반영하여야 한다.
③ 지역사회 주민이 주도적으로 업무를 관장해야 한다.
④ 보건사업의 기획, 집행 및 통제를 통해 공중보건의 목적을 달성하기 위한 업무를 수행한다.

보건행정은 공중보건의 목적을 달성하기 위한 행정조직의 일련의 과정이면서 지역사회 주민의 건강증진에 초점을 맞추어야 한다. 다만 보건행정을 주민이 주도적으로 업무를 관장하는 것은 아니며 거버넌스의 관점에서 지역사회주민의 참여를 권장할 수는 있다.

 ③

007 관리 과정을 기획, 조직, 지휘, 통제로 분류하였을 때 <보기>의 특징에 해당하는 단계는? [2021, 서울]

> **보기**
> - 목표를 설정하고 이를 달성하기 위한 과정을 결정한다.
> - 관련 자료를 수집 및 분석하여 문제점을 파악한다.
> - 실현가능성, 형평성, 효과성 등을 고려하여 대안을 평가하며, 경제적 합리성, 정치적 합리성 등을 고려하여 최종 대안을 선택한다.

① 기획 ② 조직
③ 지휘 ④ 통제

관리과정 중 기획 과정에 대한 설명이다. 기획은 목표지향적이고, 미래지향적인 과정이다.

 ①

008 귤릭(Gulick)의 7단계 관리과정(POSDCoRB)에 해당하지 <u>않는</u> 것은? [2021, 서울]

① 인사(Staffing) ② 지휘(Directing)
③ 통제(Controlling) ④ 예산(Budgeting)

귤릭의 7단계 관리과정 POSDCoRB는 기획(Planning), 조직(Organizing), 인사(Staffing), 지휘(Directing), 조정(Coordinating), 보고(Reporting), 예산(Budgeting)의 영문 단어의 머리글자를 따서 만든 용어이다.

정답 ③

009 보건기획 수립상의 제약요인에 해당하지 않는 것은? [2021. 서울]

① 미래 예측의 곤란성
② 개인적 창의력 위축
③ 기획의 경직화 경향
④ 자료·정보의 부족과 부정확성

해설

기획의 경직화 경향은 기획수립상의 제약요인이 아니라 집행 상의 제약요인으로서 고려될 수 있다.

정답 ③

010 보건기획의 원칙으로 가장 옳지 않은 것은? [2020. 서울 7급]

① 기획은 간단, 명료해야 하며 가능한 한 난해하고 전문적인 술어는 피해야 한다.
② 불확실한 환경의 변화에 대응하여 수정될 수 있도록 작성하여야 한다.
③ 소기의 목적을 달성하기 위하여 고도의 안정성이 요구되므로 빈번한 기획의 수정이 필요하다.
④ 기획의 실시과정에서 비능률성을 피하고 효과성을 높이기 위해 명확한 목적을 제시하여야 한다.

해설

보건기획의 수립과정에서 유연함을 요하지만 과도한, 빈번한 수정은 안정성을 저해할 수 있고 비효율적이라고 봐야 할 것이다.

정답 ③

011 <보기>에 해당하는 보건기획의 분석방법은?   [2016. 서울]

> **보기**
> - 적용이 비교적 용이
> - 외부효과와 무형적인 것을 분석하는 데 적합
> - 시장가격으로 그 가치를 측정할 수 없는 재화를 다룰 수 있음

① 비용분석 ② 주공정분석
③ 비용편익분석 ④ 비용효과분석

해설
비용효과분석이란 주어진 목표달성을 위한 최소비용 기법으로, 산출물이 화폐적 가치로 표시되지 않는 교육, 보건, 의료 등에서 사용되는 분석방법이다.
주공정분석은 사업의 진행에서 프로젝트의 최소시간을 산정하는 데 활용되는 방법이다.

정답 ④

012 보건사업을 시행할 경우 건강증진상의 효과를 질보정수명(QALY)으로 측정하여 사업 대안 간 경제성을 비교하고자 할 때 가장 적합한 분석방법은?   [2015. 서울]

① 비용효용분석 ② 비용효율분석
③ 비용효과분석 ④ 비용최소화분석

해설
비용효용분석에서 효용은 건강일수(Health Days) 또는 질보정수명(QALY)으로 측정하며, 건강일수 1일 혹은 질보정수명 1년 당 최소의 비용이 소요되는 방안(또는 비용 한 단위당 최대의 효용을 갖는 방안)을 선택한다.

정답 ①

013 보건기획 집행상의 제약요인이 아닌 것은? [2014, 경기 대구]

① 이해관계자들의 반발
② 그레셤 법칙
③ 기획의 경직성
④ 자원배분의 비효율성

해설

[보건기획의 제약요인(한계)]

기획 수립상의 제약요인	• 목표의 갈등·대립 및 계량화 곤란 • 정확한 미래예측의 곤란 • 자료·정보의 부족(행정 정보 체계 미확립)과 부정확성 • 개인적인 창의성 위축 • 비용의 과중, 시간의 제약 • 기획의 그레셤 법칙: 특별한 노력이 요구되지
기획 집행상의 제약요인	• 반복적 이용의 곤란(상용기획의 곤란) • 계획의 경직화 경향과 수정의 곤란성 • 신축성 결여 • 자원 배분의 비효율성 • 즉흥적, 권위적 결정에 의한 빈번한 수정 • 부처 이기주의: 행정기관 대립으로 자원배분의 비효율성 초래 • 이해관계자의 저항: 기획 집행에 대해 일부 국민이나 관료의 이해관계로 인한 저항, 반발
행정적(정치적) 제약요인	• 기획요원의 능력 부족 • 번잡한 행정 절차 및 회계제도 • 재원의 제약성 • 조정의 결여 • 기획과정의 참여 부족 • 정치적 불안정과 자원(예산) 부족 • 회계제도의 미발달(회계제도와 재정 통제의 비효율성) • 행정조직의 비효율성

그레셤 법칙이란 소재의 가치가 서로 다른 화폐가 동일한 명목 가치를 가진 화폐로 통용되면 소재 가치가 높은 화폐(양화)는 유통시장에서 사라지고 소재 가치가 낮은 화폐(악화)만 유통되는 것을 뜻하는 말로, "악화(惡貨)가 양화(良貨)를 구축(驅逐) 한다."는 말로 표현할 수 있다. 보건기획에서의 그레셤 법칙은 관리자가 정책을 선택할 때 단기적 성과만 염두에 두고, 장기적이고 전략적인 정책 양화를 택하기보다는 단기적이고 정형화된 정책 악화를 선택하는 경우를 말한다.

정답 ②

014 보건사업과 관련하여 지역사회진단을 실시하는 목적에 해당하지 않는 것은? [2017, 서울]

① 지역사회의 보건문제나 보건요구도를 구체적으로 파악하여 사업의 우선순위를 결정하기 위한 것
② 지역사회의 보건상태를 명확히 파악하기 위하여 필요한 기초자료를 만드는 것
③ 건강과 질병에 영향을 미치는 지역사회의 제반 요소 및 가용자원 등 전반적인 상황을 파악하기 위한 것
④ 지역사회에 거주하고 있는 특정 집단의 경제상태와 보건상태를 구체적으로 파악하여 경제적 문제와 보건문제를 해결하기 위한 것

해설

특정 집단의 경제상태와 보건상태가 아니라 지역사회에 거주하고 있는 일반 집단의 경제상태와 보건상태를 파악한다.

정답 ④

015 도나베디안(Donabedian, 1980)의 의료의 질 평가 모형과 사례가 가장 옳게 연결된 것은? [2018. 서울]

① 구조: 의무기록 조사
② 구조: 환자만족도 조사
③ 과정: 동료검토
④ 결과: 의료이용량 조사

해설

① 과정평가, ② 결과평가, ④ 과정평가이다.

[도나베디안의 의료의 질 평가]

구조평가	• 투입 요소: 물리적 구조, 시설, 장비 • 조직 체계: 관리, 인력, 재정 예) 의료기관 신임제도, 면허와 자격인증제도
과정평가	• 진단: 검사 • 치료: 투약, 수술 • 의료, 지속성, 기타 예) 의무기록 조사, 의료이용도 조사, 의료감사, 보수교육, 임상진료지침 여부, 동료심사
결과평가	• 중간산물: 진료의 양 • 건강수준 변화: 사망률, 이환율, 재발률, 기능회복 • 만족도: 환자, 의료제공자 예) 병원사망률, 이환율, 재발률, 기능회복률, 환자만족도

정답 ③

016 보건의료서비스의 질 평가 중 과정평가에 해당하는 것은? [2014. 경기]

① 의료이용도 조사   ② 의료기관 신임제도
③ 환자만족도   ④ 면허와 자격인증

해설

② 구조평가, ③ 결과평가 ④ 구조평가에 해당한다.

정답 ①

017 도나베디안(Donabedian)의 의료의 질 향상 접근 방법을 구조, 과정, 결과로 구분할 때 과정에 해당하는 것은?

[2015, 서울]

① 면허와 자격증 인증제도
② 의료기관 신임제도
③ 의무기록 조사
④ 환자만족도 조사

해설

①,②는 구조평가이다. ④는 결과평가이다.

[도나베디안의 의료의 질 평가]

구조평가	• 투입 요소: 물리적 구조, 시설, 장비 • 조직 체계: 관리, 인력, 재정 예) 의료기관 신임제도, 면허와 자격인증제도
과정평가	• 진단: 검사 • 치료: 투약, 수술 • 의뢰, 지속성, 기타 예) 의무기록 조사, 의료이용도 조사, 의료감사, 보수교육, 임상진료지침 여부, 동료심사
결과평가	• 중간산물: 진료의 양 • 건강수준 변화: 사망률, 이환율, 재발률, 기능회복 • 만족도: 환자, 의료제공자 예) 병원사망률, 이환율, 재발률, 기능회복률, 환자만족도

정답 ③

018 의료의 질 평가 중 과정평가에 해당하는 것은?

[2014, 대구]

① 의료기관 신임제도
② 적절성 평가
③ 자격증 발급 실태 평가
④ 임상진료지침

해설

①, ②, ③ 모두 구조평가에 해당한다.

정답 ④

019 보건사업의 목적달성 정도를 의미하며, 보건사업의 성공여부를 판단하는 제1의 기준은? [2014, 경기]

① 사업의 적정성
② 사업의 효과성
③ 사업의 대응성
④ 사업의 능률성

해설

보건사업의 목적달성 정도를 평가하는 것은 효과성 평가이다.

정답 ②

020 보건사업평가에서 비만관리사업을 논리모형(Logic Model)을 이용하여 사업의 지속여부를 판단하기 위해서 '비만도 개선정도'를 평가하는 것은? [2017, 서울]

① 구조평가
② 결과평가
③ 과정평가
④ 영향평가

해설

논리모형이란 보건사업 기획과 평가를 위한 도구로 보건사업의 투입, 활동, 산출, 결과 간의 관계를 도식적으로 표현하는 것이다. 즉 사업의 논리적 근거인 구성요소들 사이의 관계를 그림으로 보여주는 것이다. '비만도 개선정도'는 대상자에게 나타나는 변화에 해당하므로 결과평가에 해당한다.

가정 (assumptions)	사업이 어떠한 방식으로 작동하리라고 생각하는 근거
외부요인 (external factors)	사업관계자가 통제하기 어렵지만 사업의 성패에 영향을 미침
투입 (input)	보건사업의 목표달성을 위해 사용하는 자원. 보건프로그램, 인적·물적 자원 등이 포함됨
활동 (activity)	수입이 산출로 전환되는 과정적 산물로 주로 보건사업 제공자들이 무엇을 하는지를 나타냄
현황 (situation)	논리적 모형 개발의 출발점
산출 (output)	사업 담당자의 활동 실적
결과 (outcome)	대상자에게 나타나는 변화

정답 ②

021 다음은 초등학교의 건강증진사업을 위해 해당 학교 대상의 SWOT 분석을 한 내용이다. 옳은 것만을 모두 고르면?　　　　　　　　　　　　　　　　　　　　　　　　　　　　　　　　　　　[2022. 지방직]

> ㄱ. 강점 - 사회적 분위기가 점차 건강을 우선시하고 있다.
> ㄴ. 기회 - 소속 초등학교 교원들의 능력이 우수한 편이다.
> ㄷ. 약점 - 교내 건강증진활동을 수행할 공간이 부족한 편이다.
> ㄹ. 위협 - 시골이어서 주변에 연계할 수 있는 관련 기관이 부족하다.

① ㄱ, ㄴ　　　　　　　　　　　　　② ㄴ, ㄷ
③ ㄷ, ㄹ　　　　　　　　　　　　　④ ㄴ, ㄷ, ㄹ

해설
SWOT 분석에서 SW은 내부조직의 강점과 약점으로 설명되고, OT는 외부상황의 위협과 기회로 설명된다. ㄱ은 강점이 아닌 기회로, ㄴ은 기회가 아닌 내부요인의 강점으로 설명될 수 있다.　　　　　　　　　　　　　　　　　　　　정답 ③

022 다음에서 설명하는 보건의료사업의 경제성 평가방법은?　　　　　　　　　　　　　　[2022. 지방직]

> **보기**
> QALY는 삶의 질을 보정한 생존연수로, 사망이나 상병상태를 모두 QALY라는 하나의 단위로 전환할 수 있다. 따라서 질병으로 인한 사망과 질병의 이환을 모두 줄이는 경우도 하나의 결과물로 산출이 가능하다.

① 최소비용분석　　　　　　　　　　② 비용 - 편익 분석
③ 비용 - 효과 분석　　　　　　　　　④ 비용 - 효용 분석

해설
비용효용분석에 대한 설명이다. 경제성 평가는 비용분석, 비용편익분석, 비용효과 분석, 비용효용분석으로 구분된다.　　　　　　　　　　　　　　　　　　　　　　　　　　정답 ④

023 〈보기〉의 보건의료분야 SWOT 분석에 따른 대응전략으로 가장 옳은 것은? [2022, 서울]

> 보기
> • 최첨단 의료시설과 장비, 최고의 의료진
> • 정부의 통제와 규제, 새로운 경쟁자의 등장

① SO 전략 ② WO 전략
③ ST 전략 ④ WT 전략

 해설

보기는 내부조직의 강점과 외부 환경의 위협적 요소를 고려하고 있다. ST 전략으로 이해될 수 있다.

 정답 ③

024 브라이언트(Bryant)의 건강문제 우선순위 결정기준에 해당하지 않는 것은? [2020, 서울]

① 문제의 크기 ② 문제의 심각도
③ 주민의 관심도 ④ 지역사회의 역량

 해설

브라이언트 방식은 BPRS 방식 즉 문제의 크기, 심각도, 사업의 추정효과에 주민의 관심도가 추가되어 우선순위를 결정하는 것이다. 4번 선지의 지역사회 역량은 해당하지 않는다.

 정답 ④

025 비용편익분석(CBA)과 비용효과분석(CEA)에 대한 설명으로 가장 옳지 않은 것은? [2019. 서울]

① 비용편익분석(CBA)은 화폐가치로 환산이 가능해야 한다.
② 비용편익분석(CBA)은 공공분야 적용에 한계가 있다.
③ 비용효과분석(CEA)은 산출물이 화폐적 가치로 표시된다.
④ 비용효과분석(CEA)이 추구하는 목적은 목표달성도와 관련된다.

해설

비용효과분석에서는 산출물이 화폐적 가치가 아니라 실제 질병의 경과를 얼마나 줄였는가와 같이 자연적인 단위를 사용한다. 예컨대 비용과 함께 어떤 보건사업의 수행으로 발생할 수 있는 총 효과를 비교, 분석하여 동일한 결과를 얻는데 가장 적은 비용이 드는 정책을 선택하는 방법이라고 볼 수 있다.

정답 ③

026 보건사업의 우선순위 결정에 사용되는 BPRS(Basic Priority Rating System)의 구성요소에 해당하는 것만을 모두 고르면? [2023. 지방직]

| ㄱ. 건강문제의 심각도 | ㄴ. 건강문제의 크기 |
| ㄷ. 지역사회의 역량 | ㄹ. 보건사업의 개입 효과 |

① ㄱ, ㄴ
② ㄷ, ㄹ
③ ㄱ, ㄴ, ㄹ
④ ㄴ, ㄷ, ㄹ

해설

BPRS(Basic Priority Rating System)에서는 문제의 크기(A), 문제의 심각도(B), 사업의 추정효과(C) 또는 사업의 개입효과를 활용하여 우선순위를 판정한다. 즉 (A+2B) × C의 값을 계산하여 가장 높은 점수를 갖게 되는 문제에 우선순위를 부여하는 방식이다.

정답 ③

027 보건의료사업의 우선순위 결정에 사용되는 황금다이아몬드 방법에 대한 설명으로 옳지 않은 것은?

[2023. 지방직]

① 형평성보다 효율성을 추구하는 방법이다.
② 미국 메릴랜드주에서 사용한 방식이다.
③ 척도의 측정을 3점 척도로 한다.
④ 자치단체별 건강지표 확보가 가능하고 과거의 추세를 확인할 수 있을 때 적합하다.

메릴랜드 주의 황금다이아몬드 방식은 지역별 우선순위 판정 보다는 전국 평균치와의 비교 등을 통해 형평성 있는 결정을 유도한다고 이해할 수 있다. 척도의 측정을 이분법이 아니라 3점 척도로 한다는 점도 특징적이다.

정답 ①

차원이 다른 노하우를 전수한다.

김태윤 보건행정

Part 04

예산행정론

1 예산의 이해
2 예산제도의 유형
3 재정과정

마인드맵

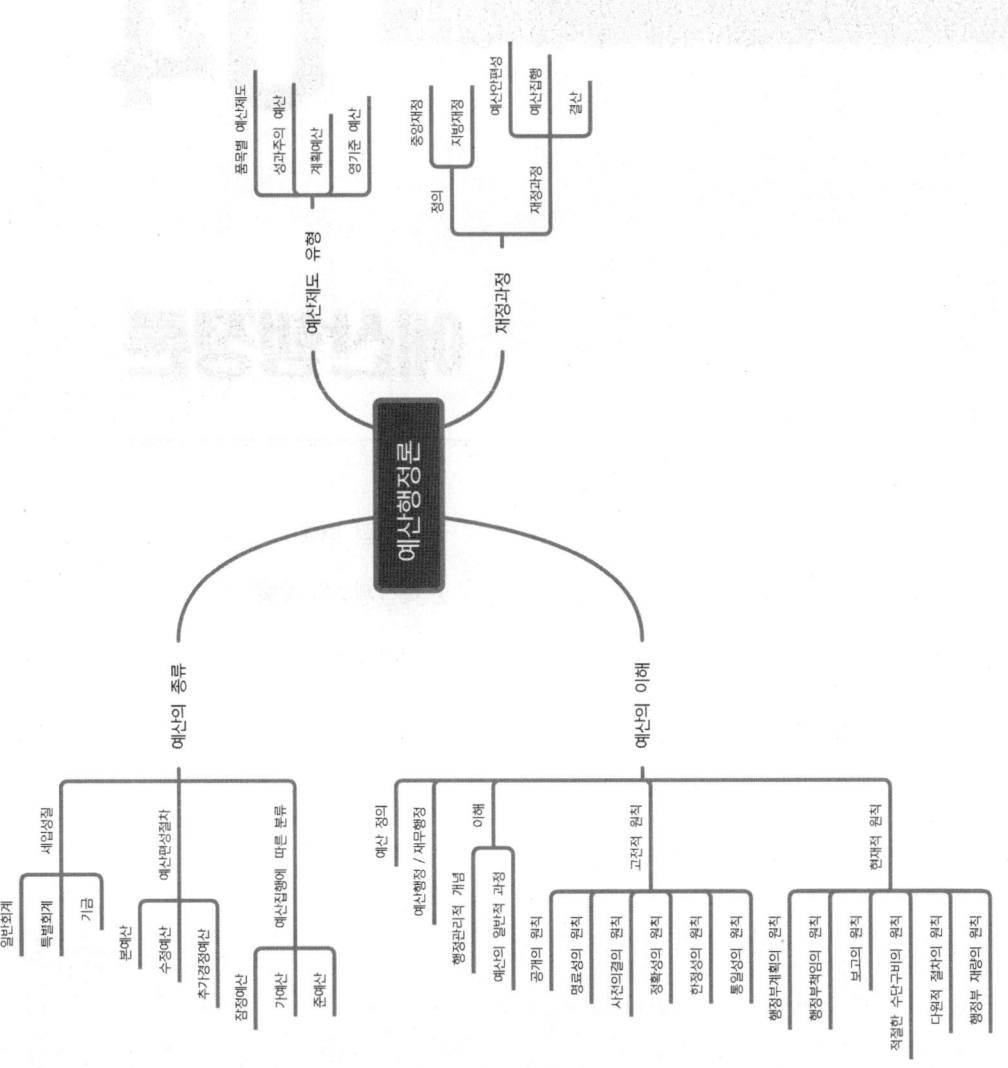

04편 예산행정론

001 다음 글에서 설명하는 것으로 옳은 것은? [2017. 서울]

> 예산안이 국회를 통과하여 예산이 성립된 이후 예산에 변경을 가할 필요가 있을 때에 이를 수정·제출하여 국회의 심의를 거쳐 성립되는 예산

① 본예산 ② 잠정예산
③ 수정예산 ④ 추가경정예산

해설
추가경정예산이란 국회에서 심의·의결·확정된 후 예기치 못한 사태로 변경을 가하는 예산이다. 반드시 국회의 심의·의결을 거쳐야 한다.

정답 ④

002 회계연도 개시 이전까지 예산이 국회에서 의결되지 못했을 경우 최초의 1개월분의 예산을 국회의 의결로 집행할 수 있는 것은? [2015. 서울]

① 가예산 ② 준예산
③ 본예산 ④ 잠정예산

해설
가예산이란 회계연도 개시 전까지 예산안이 의결되지 못한 경우 국가 운영의 장애를 막기 위해서 단기간 편성되는 예산이다.

정답 ①

003 추가경정예산에 대한 설명으로 옳은 것은? [2014. 경기]

① 본예산을 심의할 때 삭감된 부분은 부활이 불가능하다.
② 회계연도 개시 90일 전까지 국회에 제출하여야 한다.
③ 예산이 국회를 통과하여 성립하기 전에 수정하는 제도이다.
④ 국가재정법은 추가경정예산의 편성을 극히 제한적으로 허용한다.

해설

① 본예산을 심의할 때 삭감된 부분의 부활이 가능하다.
② 본예산은 연간예산으로서 가장 먼저 편성하여 국회에 제출하는 예산이다. 회계연도 개시 90일 전까지 국회에 제출하여야 한다.
③ 수정예산은 국회에서 심의·의결 중 예산액에 변경을 가하는 예산이다.

정답 ④

004 의료기관의 회계기준 규칙상 재무제표의 종류로 틀린 것은? [2015. 경기]

① 대차대조표   ② 손익계산서
③ 이익 잉여금 처분 계산서   ④ 현금흐름표

해설

재무제표(financial statement)는 기업의 재무상태와 경영상태를 파악하는 기본적인 회계자료이다. 기본적 재무제표 종류는 대차대조표, 손익계산서, 현금흐름표 등이 있다.
이익잉여금 처분 계산서는 한 해 동안 벌어들인 수익을 어떻게 처리했는지를 보여주는 표이다.

정답 ③

005 예산이 회계연도 개시 전까지 국회에서 의결되지 못하여 예산이 성립되지 못할 때 활용하는 예산 종류에 해당하지 <u>않는</u> 것은?

[2021. 서울]

① 추가경정예산
② 잠정예산
③ 가예산
④ 준예산

해설

추가경정예산은 예산안이 국회를 통과하여 예산안이 성립된 이후 변경 할 필요가 있을 경우 이를 수정 제출하여 국회의 심의, 의결을 거쳐 성립 되는 예산이다.
- 잠정예산(=가예산): 국회가 회계 연도가 시작될 때까지 국가 예산안을 의결하지 못했을 때에, 새 회계연도가 시작되는 날부터 수개월분의 일정한 금액의 예산을 정부가 집행하도록 허락하는 제도. 우리나라에서는 이를 채택하지 않고 준예산 제도를 따른다.
- 준예산: 예산이 통과하지 못했을때 전년도 예산에 준하여 집행하는 제도이다.

정답 ①

006 새로운 회계연도가 개시될 때까지 예산 의결이 이루어지지 않은 경우 전년도 예산에 준하는 경비를 지출할 수 있는 것으로, 우리나라에서 현재 채택하고 있는 제도는?

[2020. 서울]

① 본예산
② 가예산
③ 준예산
④ 추가경정예산

해설

준예산은 본예산이 회계연도 개시 전까지 입법부를 통과하지 못하는 경우 의결 전까지 전년도 예산에 준하는 지출할 수 있도록 만든 제도이다.

정답 ③

007 특별회계예산에 대한 설명으로 가장 옳은 것은? [2020. 서울 7급]

① 국회의 결산심의와 승인을 받는다.
② 특정한 수입과 특정한 지출의 연계가 배제된다.
③ 예산의 세입과 세출을 단일의 회계로 통일한다.
④ 합목적성 차원에서 집행절차가 상대적으로 자율적이고 탄력적이다.

해설

특별회계예산의 경우 국가나 지방자치단체에서 특정한 사업을 운영할 때, 특정한 자금을 보유하여 운영할 때, 그 밖의 특정한 세입으로 특정한 세출에 충당함으로써 일반회계와 구분하여 회계처리 할 필요가 있을 때만 예외적으로 인정된다.

정답 ①

---

008 정부가 법률로 정하여 특정 사업이 지속적, 안정적으로 운영되도록 마련한 것으로, 국민연금, 응급의료 및 국민건강증진에 특별히 마련된 자금의 형태는? [2019. 서울]

① 기금
② 본예산
③ 특별회계
④ 추가경정예산

해설

기금은 특정 목적을 위한 특정자금이라는 점에서 국가 고유의 일반적 재정활동을 위한 예산과는 다르다. 정부는 사업을 수행하기 위해 필요한 자금을 여러가지 형태로 조달하고 그 자금을 보유하거나 지출하는데 그 운용방식을 예산과 기금으로 나눈다.
예산안은 정부가 일정한 기간 즉, 한 회계연도에 있어서의 국가활동에 수반되는 수입과 지출의 예정적 계획인 예산을 편성하여 국회의 심의·확정을 받기 위하여 제출하는 의안을 말한다. 예산안은 상임위원회의 예비심사와 예산결산특별위원회의 종합심사 그리고 본회의의 의결로써 확정된다.
본예산은 법률상 용어는 아니나 일반적으로 예산이라 할 때에는 이를 말하며 "추가경정예산"에 대한 대응개념으로 사용된다.
추가경정예산안은 정부가 예산이 확정된 후에 발생한 전쟁이나 대규모 자연재해, 대내외 여건의 중대한 변화 등으로 인하여 이미 확정된 예산에 변경을 가할 필요가 있을 때 제출하는 예산안을 의미하며, 이미 확정된 예산에 변경을 가하기 위하여 제출한다는 점에서 정부가 예산안 제출 후 국회의 심의·확정 전에 부득이한 사유로 그 내용의 일부를 수정하기 위하여 제출하는 "수정예산안"과는 다르다.

009 방만한 재정운영의 방지를 위하여 정부에서는 특별회계와 기금에 대한 대폭적인 축소를 단행하였다. 또한 예산운영 상태를 주기적으로 관리하고 미흡할 시에 특별회계, 기금의 폐지까지도 염두에 두고 있다면, 이때 정부가 강화하고자 하는 예산의 원칙으로 가장 적절한 것은? [2019. 서울 7급]

① 단일성의 원칙 ② 공개성의 원칙
③ 정확성의 원칙 ④ 완전성의 원칙

해설

단일성의 원칙에 대한 설명이다. 이외에 공개성의 원칙, 정확성의 원칙, 완전성의 원칙, 통일성의 원칙, 사전의결의 원칙, 한정성의 원칙 등 예산의 원칙과 원칙의 예외 등에도 유의해야 한다.

정답 ①

010 <보기>에서 보건복지부 소관 기금만을 모두 고른 것은? [2018. 서울]

보기
ㄱ. 국민연금기금   ㄴ. 국민건강증진기금
ㄷ. 응급의료기금   ㄹ. 산업재해보상보험 및 예방기금
ㅁ. 고용보험기금   ㅂ. 사회보험성기금

① ㄱ, ㄴ, ㄷ ② ㄱ, ㅁ, ㅂ
③ ㄴ, ㄹ, ㅂ ④ ㄴ, ㅁ, ㅂ

해설

산업재해보상보험 및 예방기금, 고용보험기금은 고용노동부, 사회보험성 기금은 보건복지부 소관기금이다.

정답 ①

011 구체적인 지출 항목별로 예산을 분류하는 방법으로 투입지향적 예산이며 사업의 성과나 예산운영 방식보다는 비용에 대해 초점을 맞추는 예산편성 방법은?

[2016. 지방직]

① 품목별 예산제도
② 영기준 예산제도
③ 계획예산제도
④ 총괄예산제도

해설

품목별 예산제도란 지출대상을 품목별(항목별)로 분류하여 지출대상 및 그 한계를 정함으로써 통제하기 위한 제도이다. 특정 사업에 대한 성과 여부를 고려하지 않는다.

정답 ①

012 영기준예산제도의 특징으로 옳지 않은 것은?

[2014. 대구]

① 예산팽창을 방지할 수 있다.
② 시간이 적게 걸린다.
③ 하위관리자를 예산편성에 참여시킨다.
④ 예산정책의 일관성이나 지속성이 유지되기 힘들다.

해설

영기준예산제도(Zero-Base Budget)는 예산을 편성·결정하는 데에서 전년도의 예산에 구애되지 않고 제로베이스에서 각각의 효율성, 효과성, 중요성을 체계적으로 분석하여 그에 따라 우선순위가 높은 사업·활동을 선택하여 예산을 결정하는 제도이다. 사업을 매년 재검토하고 분석하는 데 시간, 비용, 노력이 많이 든다.

정답 ②

013 <보기>에서 설명하는 예산제도는? [2021. 서울 7급]

> **보기**
>
> 미국의 Pyhrr(피터 피아르)에 의해 창안되어 1969년 텍사스 인스트루먼츠에서 처음 도입된 제도로 카터 대통령에 의해 1977년부터 미연방정부에 도입하게 되었으나 레이건 행정부 때 폐기되었다. 각 부서에서 추진해오던 사업이나 과거의 관행을 전혀 고려하지 않기 때문에 점증주의적 예산편성방식에서 벗어날 수 있으며, 조직구성원 모두의 참여를 유도할 수 있다.

① 계획 예산제도
② 영기준 예산제도
③ 품목별 예산제도
④ 성과주의 예산제도

해설

영기준 예산제도에 대한 설명이다.

정답 ②

014 다음 중 예산에 대한 설명으로 옳지 <u>않은</u> 것은? [2016. 서울]

① 예산의 전용이란 행정과목인 세항, 목 사이의 상호융통을 의미한다.
② 순계예산과 기금은 전통적 예산원칙 중 완전성의 예외 항목에 해당한다.
③ 예산의 집행은 배정 → 지출원인행위 → 재배정 → 지출의 순서로 행해진다.
④ 준예산은 신회계년도가 개시되었는데도 예산이 입법부를 통과하지 못할 경우의 예산운영을 대비한 제도이다.

해설

예산의 집행과정은 예산배정 → 예산 재배정 → 지출원인행위 → 지출(계약대금 지급)이다.

정답 ③

015 예산과정 중 조직의 재정적 활동 및 그 수입·지출의 결과에 관하여 사실을 확증·검증하는 행위로 마지막 단계에서 수행되는 것으로 옳은 것은?
[2017. 지방직]

① 예산편성 ② 예산집행
③ 회계검사 ④ 회계결산

해설
예산과정 중 조직의 수입·지출의 결과를 확인하는 행위로서 마지막 단계에서 시행된다.

정답 ③

016 예산집행 과정 중 중앙예산기관으로부터 배정된 예산을 각 중앙부처의 장이 그 하부기관에게 나누어 주는 것은?
[2022. 지방직]

① 예산의 편성 ② 예산의 배정
③ 예산의 재배정 ④ 지출원인행위

해설
예산집행과정에 대한 이해가 중요하다. 예산의 재배정은 각 부처에 배정된 예산범위 내에서 하부기관으로 하여금 집행을 위임하는 것을 말한다. 한편 예산의 이용은 예산의 이용은 정책사업간에 예산을 상호 융통하여 사용하는 것이고, 예산의 전용은 예산집행에 있어서 전용이란 정책사업 내 단위사업 간 예산을 변경하여 사용하는 것으로 설명된다.

정답 ③

017 다음에서 설명하는 예산제도는?　　　　　　　　　　　　　　　　　　　　　　　　　　　　　　　　　[2023. 지방직]

> 새 회계연도가 개시되었음에도 불구하고 국회에서 예산안이 의결되지 못한 경우 예산안이 의결될 때까지 정부가 일정한 범위 내에서 전년도 예산에 준하는 경비를 집행할 수 있다.

① 가예산　　　　　　　　　　　　② 준예산
③ 수정예산　　　　　　　　　　　④ 추가경정예산

해설

예산집행에 따른 분류는 잠정예산, 가예산, 준예산으로 구분되며 사안은 준예산에 대한 설명이다. 준예산은 국회의 의결을 요하지는 않는다.

정답 ②

018 보건복지부 소관의 기금이 아닌 것은?　　　　　　　　　　　　　　　　　　　　　　　　　　　[2023. 지방직]

① 국민연금기금　　　　　　　　　② 노인복지기금
③ 응급의료기금　　　　　　　　　④ 국민건강증진기금

해설

노인복지기금은 각 지자체에 설치 운용된다. 한편, 보건복지부 소관 예산 및 기금 운용은 일반회계, 특별회계, 그리고 국민건강증진기금, 국민연금기금, 응급의료기금을 포함한다. 참고로 2023년 보건복지부 소관 총수입 규모는 85조 1,037억원이다. 예산이 5,734억원, 기금은 국민건강증진기금 2조 9,584억원, 국민연금기금 81조 2,556억원 응급의료기금은 3,164억원이다.

정답 ②

차원이 다른 노하우를 전수한다.

김태윤 보건행정

Part 05

보건행정조직론

1 조직의 이해
2 조직구조론
3 의사소통/의사결정

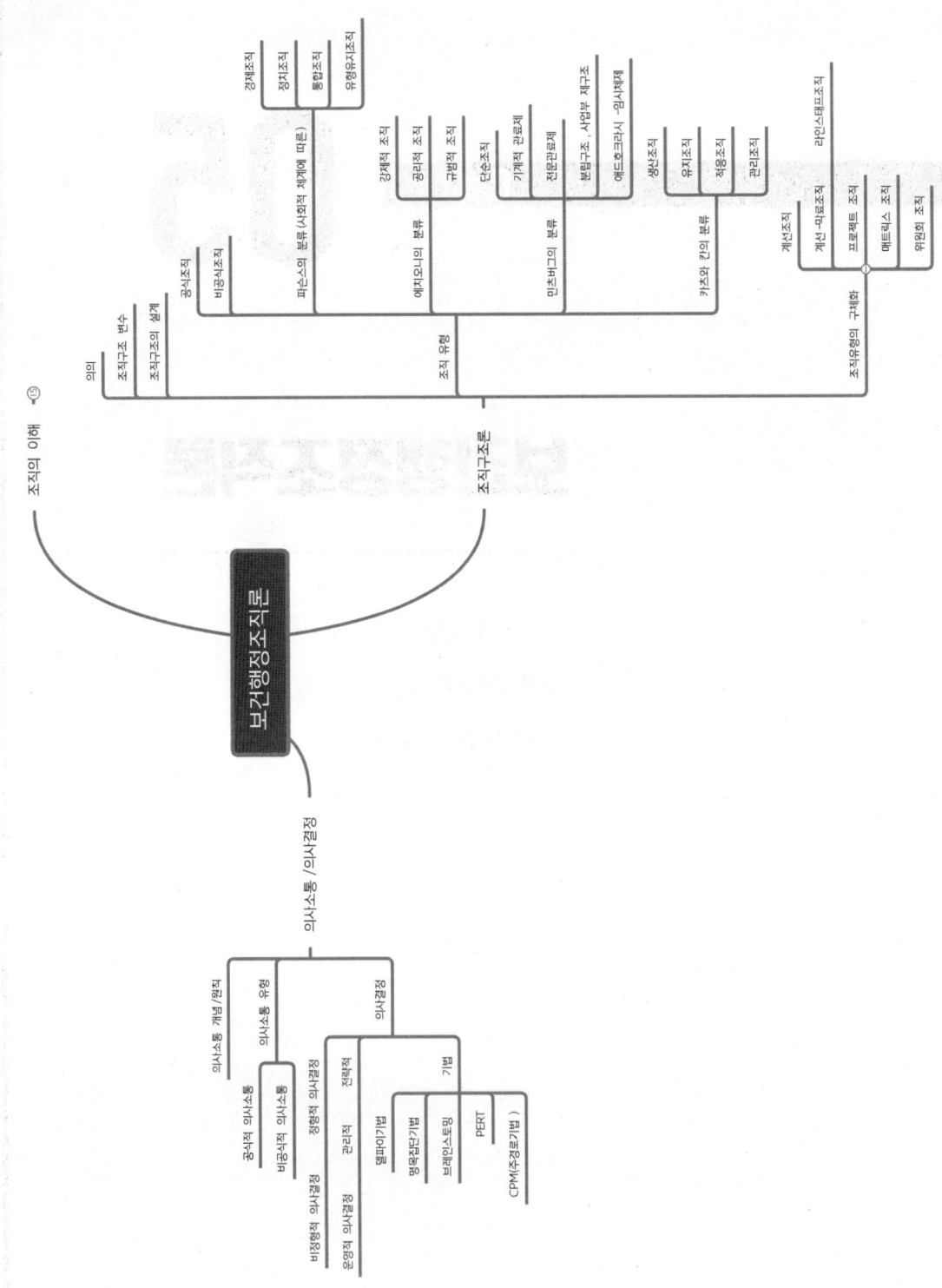

05편 보건행정조직론

001 〈보기〉에서 계층제의 역기능에 대한 설명으로 옳은 것을 모두 고른 것은? [2019. 서울]

> **보기**
> ㉠ 내부통제수단　　　　　　　㉡ 서열주의 강조
> ㉢ 권한배분의 기준　　　　　　㉣ 갈등 및 대립의 조정수단
> ㉤ 비민주적 관리　　　　　　　㉥ 의사소통의 왜곡

① ㉠㉤㉥
② ㉡㉢㉣
③ ㉣㉤㉥
④ ㉡㉤㉥

해설

계층제란 권한과 책임의 정도에 따라 조직구성원 간 수직적 계층을 설정한 것이다. 계층제의 순기능과 역기능은 다음과 같다.

순기능	역기능
• 지휘·명령의 통로 • 하향적, 상향적 의사전달 • 권한과 책임한계를 설정하여 이를 토대로 업무 배분 • 내부통제의 경로 • 할거주의에 의한 조직 내 분쟁 등 수평적으로 발생한 갈등의 조정, 해결 수단 • 조직의 통일성과 일체감 유지(구성원 동일체의 원칙) • 신속·능률적인 업무수행 • 조직의 안정성(위계질서) 유지 • 승진의 유인	• 단일의 의사결정중추에 따른 기관장의 독단적 결정우려 • 역동적·민주적인 인간관계 형성 저해 • 자아실현인의 활동무대로 곤란 • 조직의 경직화, 환경에 신축적으로 적응하지 못하고 보수적 성향을 띔 • 새로운 지식·기술의 신속한 도입 곤란 • 의사소통의 왜곡 • 할거주의 • 비합리적 인간지배의 수단화 • 귀속감·참여감 감소

정답 ④

002 <보기>의 설명에 해당하는 조직의 원리는?   [2018. 서울]

> **보기**
> - 조직의 공동 목표를 달성하기 위해 하위체계 간의 노력을 통일하기 위한 과정
> - 협동의 실효를 거둘 수 있도록 집단적, 협동적 노력을 질서 있게 배열하는 것
> - 자신이 소속된 기관의 이익만을 중심으로 생각하는 할거주의 해소에 필요함
> - 조직의 목표를 설정하여 관리하는 것

① 전문화의 원리 ② 조정의 원리
③ 계층제의 원리 ④ 명령통일의 원리

 해설

조정의 원리란 공동 목적을 달성하기 위하여 조직구성원의 행동을 통일할 수 있도록 집단의 노력을 순서 있게 배열, 배정하는 것이다.

 정답 ②

003 보건행정조직의 원리에서 공동목표를 달성하기 위하여 각 부서의 기능과 업무 수행을 조화롭게 배열하는 집단적 노력에 해당하는 것은?   [2017. 서울]

① 전문화의 원리 ② 통솔범위의 원리
③ 명령통일의 원리 ④ 조정·통합의 원리

 해설

전문화의 원리	업무를 성질·기능별로 분류하여 조직의 구성원에게 가능한 한 가지 업무를 분담시키는 것
통솔범위의 원리	한 사람의 상급자가 효과적으로 직접 관리할 수 있는 이상적인 부하의 수에 관한 원리
명령통일의 원리	조직 내에서 부하는 한 사람의 상관에 한해서만 명령·보고체계를 가짐
조정·통합의 원리	공동 목적을 달성하기 위하여 조직구성원의 행동을 통일할 수 있도록 집단의 노력을 순서 있게 배열, 배정하는 것

 정답 ④

004 다음 조직의 원리 중 통솔범위의 원리와 상반 관계에 있는 것은? [2016. 서울]

① 조정의 원리 ② 계층제의 원리
③ 전문화의 원리 ④ 명령통일의 원리

 해설

통솔범위와 계층의 수는 반비례 관계이다. 통솔범위를 넓게 하면 계층의 수는 줄어들고(저층구조, 수평구조), 통솔범위를 좁게 하면 계층의 수가 늘어난다(고층구조, 수직구조).

 정답 ②

005 보건조직의 통솔범위에 영향을 주는 요인에 대한 설명으로 옳은 것을 모두 고르면? [2015. 경기]

가. 복잡하고 창의성이 요구되는 보건 업무일수록 통솔범위는 좁아진다.
나. 부하직원이 유능하거나 교육과 훈련을 잘 받은 경우에는 통솔범위가 확대된다.
다. 막료조직이 있는 경우는 통솔범위를 확대할 수 있다.
라. 계획과 통제의 틀이 잘 갖춰져 있으면 통솔범위가 확대된다.

① 가, 다 ② 나, 라
③ 가, 나, 다 ④ 가, 나, 다, 라

 해설

통솔범위의 원리는 한 사람의 상급자가 효과적으로 감독할 수 있는 이상적인 부하의 수를 말하며 계층제의 원리와 관계가 깊다.

 정답 ④

006 조직의 원리와 그에 대한 설명으로 틀린 것은? [2014, 경기]

① 계층의 수가 늘어날수록 통솔범위는 줄어든다.
② 매트릭스 조직은 갈등의 발생소지가 많다.
③ 계층제의 원리는 권한과 책임을 명확히 해준다.
④ 명령통일의 원리가 강조될수록 참모조직의 영향력이 더욱 강화된다.

해설
명령통일의 원리가 강조될수록 계선조직의 영향력이 더욱 강화되고, 참모조직의 영향력은 약화된다.

정답 ④

007 팀제 조직의 특성에 대한 설명으로 옳지 않은 것은? [2022, 지방직]

① 상급자에게 직무 권한이 대부분 집중되어 있다.
② 팀장 및 팀원 간의 유기적인 관계로 시너지 효과를 기대할 수 있다.
③ 빠른 의사결정으로 다양한 욕구에 능동적으로 대처할 수 있다.
④ 팀원의 능력과 팀의 실적 등을 기초로 보수체계가 구성되어 있다.

해설
팀제 조직이 아닌 관료제 조직에서 직무권한이 상급자에게 집중되는 것으로 이해할 수 있다.

정답 ①

008 <보기>에서 명령통일의 원리가 가장 잘 적용된 조직은? [2022. 서울]

보기

ㄱ. 참모조직　　　　　ㄴ. 계선조직
ㄷ. 막료조직　　　　　ㄹ. 비공식조직

① ㄱ　　　　　② ㄴ
③ ㄷ　　　　　④ ㄹ

해설

명령통일의 원리는 계층제의 원리가 잘 확인되는 계선조직에서 적용이 용이하다.
• 계선조직: 행정상의 결정권과 집행권을 가지며 계층적 구조의 수직적 계열을 형성하여 이를 통해 명령이나 보고가 전달된다.

정답 ②

009 <보기>의 (가)와 (나)에 해당하는 개념을 옳게 짝지은 것은? [2021. 서울 7급]

보기

조직 내에서 분업의 원리에 따라 일을 세분화하여 담당자에게 전담하도록 할당하거나 배분하는 것을 __(가)__ 라고 하며, 한 사람의 상관이 몇 사람의 부하를 직접 적절하게 감독할 수 있는가를 결정하는 것을 __(나)__ (이)라고 한다.

	(가)	(나)
①	전문화	통솔범위
②	부문화	조정
③	전문화	명령통일
④	부문화	계층제

해설

조직화 원칙에 있어 전문화의 원칙과 통솔범위의 원칙을 설명하고 있다.

정답 ①

010 <보기>에서 설명하는 조직의 원리로 가장 옳은 것은? [2020. 서울]

> **보기**
> - 한 사람의 상관이 몇 사람의 부하를 직접 적절하게 감독할 수 있는가의 문제이다.
> - 직무의 성질, 시간적·공간적 요인, 인적요인을 고려한다.

① 통솔범위의 원리
② 조정의 원리
③ 명령통일의 원리
④ 전문화의 원리

해설

한 사람의 통솔자가 직접 감독할 수 있는 부하직원의 수 또는 조직단위의 수는 통솔자가 효과적으로 지도감독할 수 있는 수를 초월해서는 안 된다는 원리이다.

정답 ①

---

011 <보기>에서 계층제의 역기능에 대한 설명으로 옳은 것을 모두 고른 것은? [2019. 서울]

> **보기**
> ㄱ. 내부통제수단
> ㄴ. 서열주의 강조
> ㄷ. 권한배분의 기준
> ㄹ. 갈등 및 대립의 조정수단
> ㅁ. 비민주적 관리
> ㅂ. 의사소통의 왜곡

① ㄱ, ㅁ, ㅂ
② ㄴ, ㄷ, ㄹ
③ ㄹ, ㅁ, ㅂ
④ ㄴ, ㅁ, ㅂ

해설

계층제의 원리는 서열주의를 강조하고, 비민주성, 의사소통의 왜곡 등을 유발할 수 있다. 또한 조직의 귀속감과 참여감을 저하시키고 강한 통제에 의존하도록 하는 등 조직 내 악순환을 야기시킬 수 있다. 수직적 질서가 강조됨에 따라 경직성을 초래하고 하위층의 창의력을 저해한다. 또한, 계층의 수가 많기 때문에 의사소통의 왜곡현상이 발생된다.

정답 ④

012 조직의 원리에 대한 설명으로 가장 옳지 않은 것은? [2019. 서울 7급]

① 일치의 원리 - 책임과 그 책임의 완수를 위하여 필요한 권한의 양자가 일치해야 한다.
② 예외의 원리 - 사이몬(H.A. Simon)은 '계획에서의 Gresham의 법칙'이라 부른다.
③ 조정의 원리 - Mooney는 '제1의 원리'라고 하였다.
④ 통솔범위의 원리 - 직속상관에게만 명령을 받고 보고해야 한다.

해설

4번 선지는 통솔범위의 원리가 아니라 명령통일의 원리를 설명하고 있다. 통솔범위의 원리는 한 사람의 통솔자가 직접 감독할 수 있는 부하직원의 수 또는 조직단위의 수는 통솔자가 효과적으로 지도감독할 수 있는 수를 초월해서는 안 된다는 원리이다.

정답 ④

013 조직변화를 설명하는 레윈(Lewin)의 이론에 대한 설명으로 가장 옳지 않은 것은? [2018. 서울]

① 조직변화를 위한 준비단계를 해빙기라고 한다.
② 변화기에는 문제해결을 통해 변화하고자 하는 동기를 갖는다.
③ 변화 영역에 변화를 주고자 하는 단계를 변화기라고 한다.
④ 재결빙기가 있으면 안정화된다.

해설

레윈의 조직변화이론에서는 3단계로 조직의 변화를 설명하며 해빙기, 변화단계, 재동결기라는 순서로 설명한다.
문제해결을 통해 변화하고자 하는 동기를 갖는 것은 변화기가 아니라 해빙기의 특징으로 볼 수 있다.

정답 ②

014 다음 중 공식조직의 특징으로 옳은 것은? [2016. 서울]

① 감정의 차원 존중
② 자연발생적인 관계
③ 인위적으로 계획된 조직구조
④ 조직기구표에 나타나 있지 않은 소집단

해설

공식조직과 비공식 조직의 구분은 중요한 문제이다. ①, ②, ④는 비공식조직에 대한 설명이다.

정답 ③

015 공식조직과 비공식조직의 차이를 설명한 것으로 옳지 않은 것은? [2016. 지방직]

① 공식조직은 수직적 관계, 비공식조직은 수평적 관계
② 공식조직은 능률성 중시, 비공식조직은 심리적 만족 중시
③ 공식조직은 과학적이고 동적인 조직, 비공식조직은 자연발생적이며 정적인 조직
④ 공식조직은 공적 성격의 목적 추구, 비공식조직은 사적 성격의 목적 추구

해설

공식조직과 비공식조직의 특성은 다음과 같다.

공식조직	비공식조직
• 1920년대 과학적 관리론과 관련 • 법령 또는 규정에 의해 공식화된 조직 • 조직기구표로 파악 가능 • 능률성 중시 • 수직적 관계 • 공적 목적 추구 • 정적 조직	• 인간관계론과 관련 • 인간관계를 바탕으로 한 자생적 조직 • 조직의 공식기구표에 나타나지 않음 • 심리적 만족 중시 • 수평적 관계 • 사적 목적 추구 • 동적 조직

정답 ③

016 보건행정의 운영원리 중 공동의 목표를 달성하기 위하여 업무를 분담하는 과정은? [2015, 서울]

① 의사결정과정 ② 조직화 과정
③ 통제과정 ④ 기획과정

해설

조직화란 공동의 목표를 달성하기 위하여 업무를 분담하는 과정이다.

정답 ②

017 매트릭스 조직에 대한 설명으로 가장 옳지 않은 것은? [2019, 서울]

① 구성원의 능력과 재능을 최대한 활용할 수 있다.
② 강력한 추진력으로 의사결정을 신속하게 할 수 있다.
③ 고객의 요구나 시장의 변화에 신속하게 대응할 수 있다.
④ 구성원들의 역할과 관련된 갈등이나 모호성이 발생할 수 있다.

해설

매트릭스 조직(이중지휘 시스템)이란 업무 할당과 업무 평가를 각각의 관리자에 의해 수행하는 조직이다. 조직구성원은 원래 소속된 부서와 현재 맡고 있는 부서의 두 개의 단위조직에 속하여 두 명의 상급자를 두고 있으며, 두 상급자의 지시를 받고 보고하게 된다(전통적인 명령통일의 원칙이 무시됨). 관련분야 간 상호협력 및 조직의 유연성을 제고할 수 있는 장점이 있으며, 의사결정이 어려워 시간이 오래 걸리고 권력 투쟁이 발생할 수 있다는 단점이 있다. 강력한 추진력으로 의사결정을 신속하게 할 수 있는 것은 계선조직의 특성이다.

정답 ②

018 조직이 대규모화되는 초기상황, 경영환경이 안정적이고 확실성이 높은 상황에 효과적인 조직 형태는? [2018, 서울]

① 라인스탭조직(Line Staff Organization) ② 라인조직(Line Organization)
③ 프로젝트조직(Project Organization) ④ 매트릭스조직(Matrix Organization)

해설

라인스탭조직은 직계조직과 참모조직의 장점을 살리고 단점을 보완하기 위한 조직으로 명령통일의 원리와 분업-전문화의 원리가 잘 적용될 수 있다. 경영의 대규모화·복잡화에 대응할 수 있도록 만들어진 조직이다.

정답 ①

019 다음 글에서 설명하는 조직 구조로 옳은 것은? [2017. 서울]

- 전통적인 기능 조직과 프로젝트 조직의 장점을 혼합한 조직임
- 의사결정의 어려움 및 권력 투쟁의 발생가능성이 단점임
- 관련분야 간 상호협력 및 조직의 유연성 제고가 장점임

① 라인스탭 조직
② 프로젝트 조직
③ 라인 조직
④ 매트릭스 조직

해설

매트릭스 조직(이중지휘 시스템)이란 전통적인 기능 조직과 프로젝트 조직의 장점을 혼합한 조직으로, 업무 할당과 업무 평가를 각각의 관리자에 의해 수행하는 조직이다. 조직구성원은 원래 소속된 부서와 현재 맡고 있는 부서의 두 개의 단위조직에 속하여 두 명의 상급자를 두고 있으며, 두 상급자의 지시를 받고 보고하게 된다(전통적인 명령통일의 원칙이 무시됨).

정답 ④

020 어떤 특수한 과업을 수행하기 위해 일반적으로 다른 부문들과는 독립적으로 설치되어 한 사람의 전문적인 관리자의 책임 아래 관리되는 조직유형은? [2016. 지방직]

① 직능 조직(Functional organization)
② 테스크 포스(Task force)
③ 매트릭스 조직(Matrix organization)
④ 프로세스 조직(Process organization)

해설

테스크 포스(Task force)는 특정 임무를 수행하기 위해 각 조직 내의 필요한 전문가를 차출하여 한 사람의 책임자 아래 입체적으로 편성한 전문가 조직으로 Project Team에 비해 존속기간이 길고 보다 대규모의 공식 조직이다. 정규부서에서 이탈하여 전임제로 근무하는 상설적인 조직이며, 업무내용이 변경될 수도 있다.

정답 ②

021 민츠버그(Minzberg)의 조직유형 분류에서 전문적 관료제에서의 조정기제는? [2015. 서울]

① 직접감독
② 기술표준화
③ 산출표준화
④ 상호조절

[민츠버그의 조직유형 분류와 조정기제]

분류	단순구조	기계적관료제	전문적관료제	사업부제구조	애드호크라시
조정기제	직접감독	업무표준화	지식/기술표준화	산출표준화	상호조정

 ②

022 비공식조직의 특성에 대한 설명으로 가장 옳은 것은? [2021. 서울]

① 감정의 원리가 지배한다.
② 과학적 관리기법을 중시한다.
③ 능률의 원리가 지배한다.
④ 공적 목적을 추구하고, 인위적이며 제도적이다.

감정의 원리가 활용되는 조직은 비공식조직이다. 2, 3, 4번 선지의 내용은 모두 공식조직의 특성으로 설명된다.

 ①

023 최근 다문화가족의 이혼이 증가함에 따라 해당 문제에 대처하기 위해 보건복지부, 법무부, 여성가족부 등을 포함하여 한시적으로 '다문화가족정책위원회'를 운영하기로 했다. 이 조직구조의 장점에 해당하지 <u>않는</u> 것은? [2021. 서울]

① 인력 구성의 탄력성을 보인다.
② 목적 달성을 위해 자원을 집중할 수 있다.
③ 환경변화에 적응성이 높은 편이다.
④ 최고 관리자가 지속적으로 장기계획에 집중할 수 있다.

지문의 조직은 위원회로서 동태적 조직으로 분류된다. 4번 선지의 설명과 같이 '지속적', '장기적' 계획에 집중하기 어려운 임시조직의 형태로 볼 수 있다.

정답 ④

024 라인-스태프 조직에 대한 설명으로 가장 옳지 <u>않은</u> 것은? [2020. 서울]

① 스태프 조직은 실질적인 집행권이나 명령권을 가진다.
② 조직이 대규모화 되면서 업무 조언을 위한 기능이 설치된 조직이다.
③ 스태프는 라인의 합리적인 의사결정을 도울 수 있다.
④ 라인과 스태프 간의 권한과 책임의 소재가 불분명할 수 있다.

라인-스태프 조직에서 스태프는 집행권과 명령권을 갖지 않는다.

025 매트릭스 조직에 대한 설명으로 가장 옳지 않은 것은? [2019. 서울]

① 구성원의 능력과 재능을 최대한 활용할 수 있다.
② 강력한 추진력으로 의사결정을 신속하게 할 수 있다.
③ 고객의 요구나 시장의 변화에 신속하게 대응할 수 있다.
④ 구성원들의 역할과 관련된 갈등이나 모호성이 발생할 수 있다.

해설

매트릭스 조직은 쉽게 팀이 여러 리더에게 보고하는 회사의 구조를 말한다. 즉, 매트릭스 구조는 팀 간의 자유로운 커뮤니케이션이 지속되도록 하며 회사가 더욱 혁신적인 서비스를 만들 수 있도록 설계되어 있다.

정답 ②

026 비공식조직의 순기능으로 가장 옳지 않은 것은? [2019. 서울 7급]

① 직무수행에 있어 개인의 창의력과 혁신을 고취하는 환경을 제공한다.
② 구성원 상호 간 직무에 관한 협조와 경험을 나누는 통로가 된다.
③ 공익조직이 가진 기계적 능률의 원리가 지배한다.
④ 구성원의 심리적 안정감을 형성한다.

해설

비공식 조직의 경우 기계적 능률의 원리는 적용되기 어렵고, 인간관계적 측면, 심리적 측면에서의 안정감과 지지의 역할이 크다.

정답 ③

027 병원조직에 대한 설명으로 가장 옳은 것은? [2019, 서울 7급]

① 전형적인 관료제 구조의 피라미드 형태이다.
② 권한에 대한 갈등은 적다.
③ 조직의 이중성을 가지고 있다.
④ 대규모 병원조직은 프로젝트 조직이 많다.

 해설

병원 조직은 관료제(bureaucracy)의 특성을 가지고, 이원화된 체계, 높은 전문인력(전문가) 비중을 나타낸다. 한편, 부서, 직종, 개별 기능 엄격한 구분될 뿐 아니라 다양하고 이질적 인력이 공존하여 조화와 통합이 중요하다.

정답 ③

028 조직이 대규모화되는 초기상황, 경영환경이 안정적이고 확실성이 높은 상황에 효과적인 조직 형태는? [2018, 서울]

① 라인스탭 조직(line staff organization)
② 라인 조직(line organization)
③ 프로젝트 조직(project organization)
④ 매트릭스 조직(matrix organization)

 해설

라인 - 스태프 조직은 지휘, 명령의 일원화가 파괴되지 않고 개인의 전문적 지식이나 생각이 충분히 활용될 수 있다는 이점이 있다.

 정답 ①

029 의사결정과정에서 활용할 수 있는 명목집단기법(Nominal Group Technique)에 대한 설명으로 옳은 것은?

[2023. 지방직]

① 전체 자료를 몇 개의 소집단으로 분류하고 예측을 수행한다.
② 작업계획과 실제의 작업량을 작업 일정이나 시간으로 견주어 표현한다.
③ 종합된 결과를 전달·회수하여 의견의 일치를 볼 때까지 반복한다.
④ 관련자들이 대화 없이 개별적으로 해결방안을 제시하고 제한적 토의를 거쳐 표결한다.

해설

명목집단기법은 구성원들 상호간의 대화나 토론 없이 의사결정이 이루어지는 방법이다. 개인의 창의성을 존중하며, 특정 개인의 영향력을 최소화할 수 있다. 하지만 한번에 한 가지 의사결정 밖에 할수 없다는 단점을 가진다.

정답 ④

030 다음에 해당하는 의사결정 방법으로 가장 적절한 것은?

[2016. 서울]

- 자유로운 아이디어 제안이 가능하다.
- 많은 아이디어가 나올수록 좋으므로 대량발언을 한다.
- 여러 사람이 모여 어느 한 문제에 대한 아이디어를 공동으로 낸다.

① 델파이 기법(Delphi technique)
② 대기모형(Queuing model)
③ 브레인스토밍(Brain Storming)
④ 의사결정나무(Desicion tree)

해설

브레인스토밍(Brain Storming)은 자유롭게 아이디어를 제안하고 집단적으로 토의하는 방법이다. 4가지 규칙으로 비판 금지, 자유분방, 질보다 양, 아이디어 편승이 있다.

정답 ③

031 델파이 기법에 대한 설명으로 잘못된 것은? [2016, 지방직]

① 환류를 반복한다.
② 통계적 응답을 참여자들에게 확인하도록 하고 합의를 도출한다.
③ 과거에 참고할 만한 자료가 없을 때 미래의 불확실한 상황을 예측할 수 있다.
④ 특징으로는 대상자 선정과 토론의 투명성 등이 있다.

델파이 기법(Delphi technique, 전문가 합의법)은 구체적인 데이터가 없는 상황에서 전문가의 의견을 통한 문제해결 및 미래예측을 위한 기법이다. 전문가들의 의견 수립, 중재, 타협을 반복적으로 실시하면서 하향식 의견 도출을 통해 문제를 해결한다. 장점은 익명성에 기반하며, 독립적이기 때문에 자유롭고 솔직한 전문가의 의견을 들을 수 있다는 것이다. 단점은 시간이 많이 소요되고, 응답자의 탈락으로 신뢰도가 낮은 결과를 얻을 수 있다는 것이다.

정답 ④

032 다음 중 델파이기법을 시행할 수 있는 정책결정의 단계는?

① 목표설정　　　　　　　　② 상황분석
③ 대안선택　　　　　　　　④ 평가

③ 정책결정도 의사결정의 한 형태이다. 정책의 대안선택의 과정에서 델파이 기법을 활용할 수 있다.

033 공식적 의사소통 중 하의상달 방법을 옳게 짝지은 것은? [2022, 서울]

① 편람, 회람
② 품의, 제안
③ 회람, 보고
④ 회의, 결재제도

품의, 제안은 하의 상달, 즉 bottom-up의 의사소통 방식이다.
- 공식적 의사소통에는 수직적 의사소통, 수평적 의사소통, 대각선적 의사소통이 있다.
- 수직적 의사소통의 하향적 의사소통방법은 명령, 지시 등이 있고 상향적 의사소통방법에는 보고, 제안 등이 있다.
- 수평적 의사소통은 동료와 부서간 의사소통으로 회의, 위원회 제도 등이 있다.
- 대각선적 의사소통은 여러 기능과 조직계층을 가로질러 이루어지는 의사소통으로 라인/스탭 부문이 있다.

 정답 ②

034 <보기>에서 설명하는 갈등해소 방법은? [2020, 서울 7급]

보기
- 단기적으로 갈등을 완화시키는 방법이다.
- 갈등을 일으킬 수 있는 의사결정을 보류한다.
- 자기주장과 양보가 모두 적다.

① 회피
② 협조
③ 수용
④ 강요

갈등해소의 방법 중 회피의 방법이다. 이 방법은 양자에게 모두 도움이 되지 않는 방법일 수 있다. 자신뿐 아니라 다른 사람의 목표 달성까지 무시하고 늦어지게 할 수 있는 방법이다.

 정답 ①

035 다음 사례에 해당하는 조직구조는? [2023. 지방직]

> 보건소의 각 부서에서 인원을 차출하여 가칭 '건강증진도시팀'을 일정기간 운영하였다.

① 라인 조직(line organization)
② 프로젝트 조직(project organization)
③ 매트릭스 조직(matrix organization)
④ 라인스탭 조직(line staff organization)

해설
사례의 조직구조는 임시조직이 될 수 있으며 프로젝트 조직 또는 애드호크라시 등으로 분류될 수 있다. 정답 ②

036 민츠버그(Mintzberg)의 조직 유형 중 상급종합병원에 적합한 것은? [2023. 지방직]

① 애드호크라시(Adhocracy)
② 단순 조직
③ 기계적 관료제 조직
④ 전문적 관료제 조직

해설
민츠버그의 조직 유형 중 상급종합병원은 전문적 관료제 조직으로 구분될 수 있다. 이 유형의 경우 기술표준화를 조정수단으로 하며 작업계층이 핵심부문이 된다. 예로서 대학, 종합병원, 사회복지기관 등이 해당한다. 정답 ④

차원이 다른 노하우를 전수한다.

김태윤 보건행정

Part **06**

보건인사행정

1 인사행정론의 이해

2 직무관리

3 리더십

4 동기부여

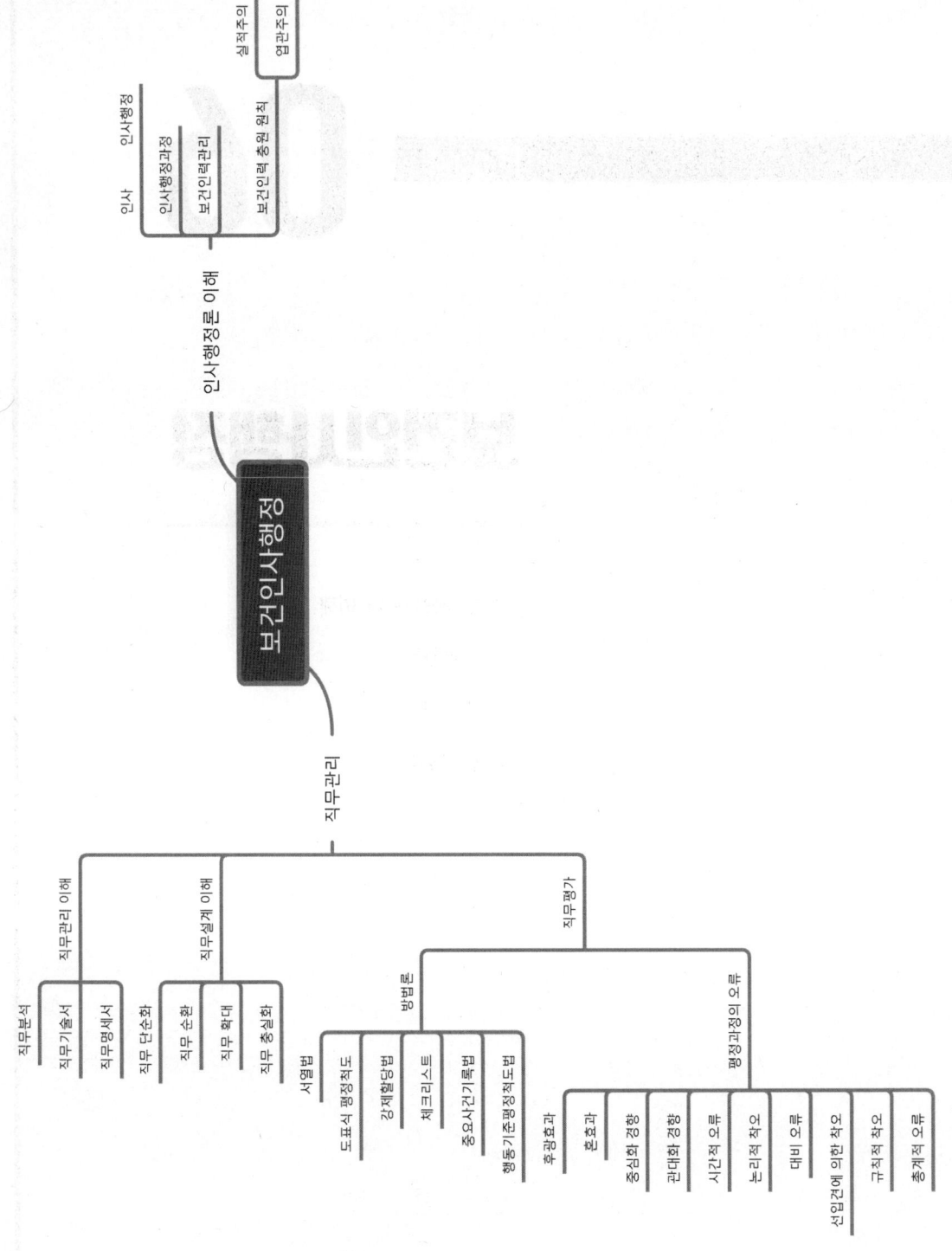

06편 보건인사행정

001 인사행정에서 계급제의 장점은? [2017, 서울]

① 사람 중심의 분류이므로 공무원 신분보장 강화
② 개방형 인사제도에 의한 적임자 선발
③ 직위가 요구하는 직무의 성질이나 내용에 맞는 객관적인 인사배치
④ 동일 직무의 장기근무로 행정의 전문화·분업화

해설

계급제(실적주의)는 개인의 능력이나 자격을 중심으로 인력을 충원하고, 계급 내에서 승진과 보직 순환이 가능하도록 하는 분류체계이다. 장점으로는 1) 인적 자원의 탄력적 운용(인사배치의 신축성) 2) 부서 간 조정과 협조 용이 3) 조직몰입도 향상 4) 직업 공무원제 확립(신분보장, 안정적 업무수행) 등이 있다. 단점으로는 1) 잦은 순환으로 인한 행정전문성 저하 2) 성과평가의 어려움 3) 집단의 폐쇄성 등이 있다.

정답 ①

002 직무의 종류는 유사하나 그 곤란도, 책임의 정도가 상이한 직급의 군은? [2022, 서울]

① 직렬 ② 직류
③ 직군 ④ 직위

해설

직렬에 대한 설명이다. 직위는 1인 공무원에게 부여하는 직무와 책임이며, 직류는 동일 직렬 내에서 담당분야가 동일한 직무의 군으로 정의되고, 직군은 직무의 성질이 유사한 직렬의 군이다. 한편, 직급은 직무의 종류 및 곤란성과 책임도가 유사한 직위의 집합이고, 등급은 직무의 종류는 다르나 곤란도와 책임은 유사하여 동일한 보수를 받는다.

정답 ①

003 공무원의 임용방식 중 실적주의의 특성으로 가장 옳지 않은 것은? [2020. 서울]

① 기회의 균등
② 정치적 중립
③ 공무원 신분의 보장
④ 정실주의, 자격주의

해설

실적주의는 엽관제 아래서 인사행정에 가해진 정치권의 간섭을 배제하고, 능력과 자격 위주로 공무원을 임용하며, 또는 정권의 교체와는 관계없이 공무원으로 하여금 행정사무에 전념할 수 있도록 신분을 보장하는 공무원 제도이다. 4번 선지의 정실주의, 자격주의는 실적주의가 아니다.
정실주의는 사람을 공직에 임용하는데 자격이나 능력에 기준을 두지 않고 인사권자와 혈연, 지연, 학연, 정당관계 등에 귀속적인 기준을 두고 있는 것을 의미한다.

정답 ④

004 <보기>에서 설명하는 직무설계 방법은? [2018. 서울]

보기

한 사람이 맡아서 수행하는 직무를 다양하게 부여하여 작업 수와 종류를 증가시키는 것으로, 직무에 대한 흥미와 만족도를 높일 수 있으나 새로운 업무를 학습하기 위한 비용이 많이 든다.

① 직무 순환
② 직무 확대
③ 직무 충실화
④ 직무 단순화

해설

직무확대(Job Enlargement)란 과학적 관리법에 의한 직무설계의 문제점을 극복하기 위하여 제시된 직무설계기법이다. 직무담당자의 직무의 범위를 증가시켜서 수평적으로 직무의 범위를 늘리고 다양성을 증가시켜줌으로써 직무의 만족감 및 작업능률 증진에 기여할 수 있다.

정답 ②

005 다음은 근무성적평가방법 중 무엇을 설명한 것인가? [2017, 서울]

> 피평가자의 직무와 관련되는 중요한 행동이나 사건들을 나열해 주고 각각의 행동에 대하여 자주 하는지 전혀 안 하는지의 척도를 매기게 하여 총점을 계산한다. 업무와 직결되는 행동이라 평가하기도 쉽고 피평가자가 좋은 점수를 받기위해 구체적으로 어떤 행동을 해야 하는지를 제시해 줄 수 있는 장점도 있다.

① 중요사건서술법(Critical incident appraisal method)
② 평가센터법(Assessment Center)
③ 목표관리법(MBO: management by objectives)
④ 행위기준평가법(Behaviorally Anchored Rating Scales)

해설

행위기준평가법은 인성적인 특질을 중시하는 전통적인 인사평가 방법의 비판에 기초하여 피평가자의 실제 행동을 관찰하여 평가하는 방식이다. 도표식 평정척도법과 주요사건기록법의 장점을 혼용하여 평가직무에 직접 적용되는 다양한 패턴의 행동묘사문을 다양한 척도의 수준으로 평가한다. 다양하고 구체적인 직무에 적용 가능하고, 직무성과와 관련된 지표를 공개하여 피평가자의 업무개선효과를 거둘 수 있으며 어떤 행동이 목표달성과 관련이 있는지 인식하게 하여 목표관리의 일환으로 사용 가능하다.

정답 ④

006 사람에 대한 경직된 편견이나 고정관념에 의한 오차를 의미하는 것으로, 직원에 대한 평가가 그가 속한 사회적 집단에 대한 지각을 기초로 해서 이루어지는 것으로 보는 근무성적 평정상의 오류는?

[2014, 서울]

① 상동적 오차
② 대비 오차
③ 후광효과
④ 총계적 오차
⑤ 집중화 경향

해설

[근무성적 평정과정의 오류]

상동적 오차	사람에 대한 경직된 편견이나 고정관념에 의한 오차
대비 오차	평가자가 무의식적으로 피평가자를 다른 피평가자와 비교하게 되면서 대비적으로 낮게 혹은 높게 평가하는 오차
후광 효과	피평가자의 긍정적 인상에 근거하여 특정 요소가 우수한 경우 다른 평가요소도 높게 평가하는 오차
총계적 오차	평가자의 평가기준이 일정하지 않아서 관대화 및 엄격화 경향이 불규칙하게 나타나는 것
집중화 경향	평가자의 평점이 모든 피평가자에 대하여 중간치에 집중되는 것

정답 ①

007 다음에서 설명하는 교육훈련방법으로 옳은 것은? [2022, 지방직]

> 피훈련자를 몇 개의 반으로 나누고 분반별로 주어진 과제에 대해서 연구나 토의를 하며, 그 결과를 전원에게 보고하고 비판이나 토의하는 방식이다.

① 토론회의(discussion)   ② 사례연구(case study)
③ 신디케이트(syndicate)   ④ 감수성훈련(sensitivity training)

해설

신디케이트에 대한 설명이다. 훈련대상자를 몇 개의 소그룹으로 편성하여 각 그룹별로 문제를 연구하고 전원에게 보고를 하면 비판을 가하는 훈련방법이다. 즉 우리나라 공무원 훈련의 분임토의가 이와 유사하다.

정답 ③

008 한 평정요소에 대한 평정자의 판단이 연쇄적으로 다른 요소의 평정에도 영향을 주는 오류현상은? [2022, 서울]

① 후광효과   ② 대비오차
③ 규칙적 오차   ④ 상동적 오차

해설

평정대상에 대해 가지고 있는 특정 인상을 근거로 또 다른 특성을 좋게 평가하는 것을 말하며 후광효과, 할로우 이펙트라고도 한다. 예컨대, 준수한 외모가 다른 분야의 평가에 미치는 긍정적인 효과라고도 본다. 즉 인상이 좋은 사람이 유능하고 지적이며 성품도 어질다고 평가받는 현상으로 설명된다.

정답 ①

009 <보기>의 내용에 해당하는 직무평가 방법으로 가장 옳은 것은? [2021. 서울]

> **보기**
> - 직무에 등급을 매기는 방법
> - 간편하고 이용도가 높다는 장점이 있다.
> - 많은 직무 중 직군을 등급으로 매겨서 비교적 유사 혹은 동질적인 직무를 한 등급으로 평가한다.
> - 이 방법은 강제적으로 배정하는 특성이 있으므로 정부기관에서 널리 사용되는 경향이 있다.

① 서열법(ranking method) ② 직무분류법(job classification method)
③ 점수법(point rating method) ④ 요소비교법(factor comparisons method)

해설
직무분류법에 대한 설명이다. 이 방법은 직무 전체를 종합적으로 판단해 미리 정해 놓은 등급기준표와 비교해가면서 등급을 결정하는 방법이다. 서열법, 점수법, 요소비교법과 함께 직무평가에서 주로 활용되는 방법이다.

정답 ②

010 <보기>에서 설명하는 훈련방법은? [2021. 서울 7급]

> **보기**
> - 피훈련자가 책임을 정상적으로 수행하면서 해당 업무의 수행 능력을 향상시키기 위하여 상관으로부터 훈련을 받는 방법이다.
> - 실제적 훈련을 통해 직무수행 능력을 제고하고, 인간관계를 개선하는 데 유용하다.

① 현장훈련(On the Job Training) ② 연기기법(Role playing)
③ 사례연구(Case study) ④ 감수성 훈련(Sensitivity Training)

해설
현장훈련에 대한 설명이다. 이는 신규 인력이 향후 진로와 관련하여 취업 및 직무수행에 필요한 지식·기술 및 태도를 습득할 수 있도록 직업현장에서 실시하는 교육훈련과정을 말한다. 감수성훈련은 외부환경과 격리된 곳에서 훈련집단을 세팅하고 비정형적 체험을 통해 상호작용 및 인간관계 개선을 목적으로 하는 훈련이다. 한편 역할연기 또는 연기기법은 어떤 사례 또는 사건을 연기로써 표현하여 상대방의 입장을 이해할 수 있도록 하는데 효과적인 기법이다.

정답 ①

011 공무원 교육 훈련 방법을 설명한 것 중 옳지 않은 것은? [2015, 경기]

① OJT: 직장 내 연차 훈련
② 분임토의: 집단별 연구 활동에 중점을 두는 분반별 토의 방식
③ 패널토의: 여러 개의 주제를 다루는 집단 토의 방식
④ 심포지엄: 다수의 연사가 다양한 주제발표 및 토론

해설

패널토의란 집단의 구성원이 많아서 모든 구성원이 그 토론에 참여하기 곤란할 때 한 가지 토의할 문제에 대해 충분한 지식을 가진 소수의 대표자들이 다수의 청중 앞에서 그룹토의를 하는 방식이다.

정답 ③

012 연공급의 특징으로 가장 옳은 것은? [2021, 서울 7급]

① 조직에 대한 귀속의식이 높다.
② 직무 중심의 합리적인 인사관리가 가능하다.
③ 직무평가 및 관리의 객관성이 이루어져야 한다.
④ 임금관리의 효율성과 효과성이 증대된다.

해설

직무급과는 반대로 수행하는 업무의 내용과 관계없이 그 사람이 보유한 속인적인 특징에 따라서 기본급이 결정되는 보상체계다. 대표적인 속인적인 특징들은 직무급의 예에서 언급하였던 나이, 성별, 고용형태, 학력, 국적, 출생, 근속연수 등을 의미한다.

정답 ①

013 <보기>에 모두 해당하는 양적 직무평가방법은? [2019. 서울 7급]

> **보기**
> • 직무를 숙련, 책임, 노력, 작업조건 등의 여러 요소에 따라 평가한다.
> • 직무의 상대적 차이 등을 명확하게 정할 수 있어, 종업원으로부터 평가결과에 대하여 이해 및 신뢰를 얻을 수 있는 점이 장점이다.
> • 각 직무에 공통되는 적합한 평가요소의 선정이 용이하지 않으며, 평가요소에 대하여 등급을 정하고 그 중요도를 설정하는 것이 매우 어렵다.

① 직무분류법　　　　　　　　　② 점수법
③ 체크리스트법　　　　　　　　④ 서열법

점수법에 대한 설명이다. 점수법은 직무평가 요소를 선정하고 각 평가 요소 내에서 직무에 등급을 부여 한 후 평가 요소별 가중치를 감안한 총점을 산출하여 직무의 가치를 평가하는 방법이다.

 ②

014 <보기>에서 설명하는 직무설계 방법은? [2018. 서울]

> **보기**
> 한 사람이 맡아서 수행히는 직무를 다양하게 부여하여 작업 수와 종류를 증가시키는 것으로, 직무에 대한 흥미와 만족도를 높일 수 있으나 새로운 업무를 학습하기 위한 비용이 많이 든다.

① 직무 순환　　　　　　　　　　② 직무 확대
③ 직무 충실화　　　　　　　　　④ 직무 단순화

직무설계의 방법 중 직무 확대에 대한 설명이다. 직무단순화, 직문순환, 직무확대, 직무 충실화의 방법들을 각각 기억해두어야 한다.

 ②

015 신고전적 조직이론에 대한 설명으로 옳지 않은 것은? [2014. 경기]

① 조직과 그것을 둘러싼 환경과의 관계를 연구하였다.
② 인간을 기계의 부속품으로 취급하는 과학적 관리론의 문제점을 해결하는 것에서 발전된 이론이다.
③ 호손연구 중 조명실험에서는 여러 가지 조명과 생산성의 관계를 연구하였다.
④ 생산성의 수준은 생리적 능력이 아니라 사회적 규범에 의해 정해진다고 보았다.

해설

신고전적 조직이론(인간관계론)은 조직 내에서 비공식 집단(informal group)과 집단적 관계를 중시하고, 구성원의 동기부여 및 비공식적 측면과 의사소통, 민주적 리더십, 참여의 중요성을 강조하는 조직 이론이다. 대표적인 것으로는 메이요(Mayo)의 호손실험이 있다. 조직과 환경과의 관계를 연구한 것은 체계이론이다.

정답 ①

016 하버드대학 메이요(Mayo) 교수의 호손 공장실험을 통한 조직관리에 대한 주장을 <보기>에서 모두 고른 것은? [2019. 서울]

보기

㉠ 지나친 인간의 기계화, 작업 세분화는 오히려 작업의 능률 저하를 보였다.
㉡ 조직구성원의 감정과 대인관계의 중요성을 보여 주었다.
㉢ 업무배분을 통한 전문화의 성과로 과학적 관리론의 중요성을 보여주었다.
㉣ 최소한의 비용과 노동으로 최대의 생산효과를 찾는 것을 거부하였다.

① ㉠
② ㉠㉡
③ ㉠㉡㉢
④ ㉠㉡㉢㉣

해설

호손실험(Hawthorne Experiment)은 노동자에 대한 물질적 보상 방법의 변화가 정말로 생산성을 증대시키는지 검증한 실험이다. 실험결과는 작업능률을 좌우하는 요인은 좋은 근무조건이나 돈과 같은 물질적 요인이 아니라 심리적 안정감, 사내 비공식 조직, 친목회 등이 더 중요한 영향을 미치는 것으로 나타났다. 호손실험을 통해 조직의 경영 및 관리에서 인간의 심리적 작용과 비공식적 조직(사적 인간관계), 비물질적 요인, 정서적 인간의 중요성 등을 인지하게 되었다.
ㄷ. 과학적 관리론의 중요성이 아닌 인간관계론을 강조한 실험이었다.
ㄹ. 인간관계론의 관점에서 접근한다고 해서 생산성을 높이는 것을 거부한 것은 아니다.

017 피들러(Fiedler)의 상황모형이론에 대한 설명으로 적절하지 <u>않은</u> 것은? [2016. 지방직]

① 집단의 성과는 리더의 지도성 유형과 상황의 호의성에 의해 결정된다.
② 지도성 상황을 결정하는 요인은 리더-구성원 관계, 과업 구조, 직위권력이다.
③ LPC 점수가 높은 리더는 관계지향성이다.
④ 리더십 상황이 비호의적이면 관계지향적인 리더십이 효과적이다.

상황의 호의성이 아주 호의적이거나 비호의적일 때는 과업지향적 리더십이 효과적이고, 상황의 호의성이 중간정도 일 때는 관계지향적 리더십이 효과적이다.
상황의 호의성은 그 상황이 리더로 하여금 영향력을 행사할 수 있게 하는 정도를 의미한다. 리더에게 호의적인가를 결정하는 리더십 상황은 3가지 요소로 리더와 구성원의 관계, 과업구조, 리더의 직위권한이 있다.

정답 ④

018 〈보기〉에서 보건행정조직에서 리더십이 강조되는 이유로 옳은 것을 모두 고른 것은? [2019. 서울]

보기
㉠ 다양한 전문가들의 복잡한 구조로 이루어져 있어 이를 조직성과로 이끄는데 리더십이 필요하다.
㉡ 끊임없이 변화하는 외부환경에 적절히 대응하고 적응하기 위해 리더십이 필요하다.
㉢ 새로운 기술의 도입과 같은 변화가 조직에 통합될 수 있도록 리더십이 필요하다.
㉣ 보건행정조직은 빠른 의사결정과 통합을 위해 조직의 상하 수직관계의 리더십이 더욱 강조된다.

① ㉠ ② ㉠㉡
③ ㉠㉡㉢ ④ ㉠㉡㉢㉣

보건행정조직은 빠른 의사결정과 통합을 위해 수평적 관계의 리더십이 더욱 강조된다.

정답 ③

019 리더십 유형 중 시간적 여유가 없거나 조직구성원들의 능력부족 또는 참여의식이 저조할 때 발휘되기 쉬운 리더십은?

[2017, 서울]

① 서번트 리더십
② 민주적 리더십
③ 자유방임형 리더십
④ 권위형 리더십

해설

서번트 리더십	섬기는 리더십이라고도 한다. 리더가 권력을 행사하기보다 구성원을 신뢰로 이끌어가는 리더십이다. 구성원의 의견을 들어주고 조력하고 활력을 불어 넣어주는 리더십이다. 조직구성원의 일체화와 공감대 형성을 통해 조직목표를 달성한다.
민주적 리더십	제도나 규칙의 중요성을 인지하고 전체 구성원을 의사결정에 참여시키는 리더십이다.
자유방임형 리더십	권위적 리더십의 반대개념으로 리더가 조직의 의사결정을 이끌지 않고 구성원에게 위임하는 리더십이다. 조직구성원에 대한 통제를 최소화하여 구성원이 자유롭게 의견을 제시할 수 있으나 리더의 지시나 명령이 영향력을 발휘하지 못하고 조직구성원의 역량이 낮을 때는 올바른 의사결정을 내리기 어렵다.
권위형 리더십	전통적인 가부장적 리더십이다. 권력을 가지고 구성원들에게 지시, 통솔하며 조직목적에 대해 리더가 책임진다. 벌과 보상이 적절히 사용되며 안정성과 효율성이 강조된다. 구성원의 개인적 특성을 중시하기보다 표준화한다.

 정답 ④

020 변혁적 리더십(Transformational Leadership)의 구성요인에 해당하지 <u>않는</u> 것은?

[2021, 서울]

① 카리스마
② 개별적 배려
③ 조건적 보상
④ 지적인 자극

 해설

변혁적 리더십(Transformational Leadership)이란 조직 공동의 비전을 추구하는 데 있어서 헌신의 내용을 구체화하고, 상호신뢰 및 신의가 바탕이 되는 환경을 조성하는 것을 말한다. 변혁적 리더십은 업무를 성공적으로 완수하고 공동의 비전에 기여했을 때 얻는 개인의 만족감, 즉 내적 보상만으로도 동기부여 및 실적 제고가 가능하다. 카리스마, 개별적 배려, 지적인 자극 및 영감적 동기부여를 특징으로 한다.
조건적 보상은 거래적 리더십과 관련된다.

 정답 ③

021 그린리프(Greenleaf)가 제시한 '타인을 위한 봉사에 초점을 두며 종업원, 고객 및 커뮤니티를 우선으로 여기고 그들의 욕구를 만족시키기 위해 헌신하는 리더십'은? [2021, 서울 7급]

① 거래적 리더십
② 변혁적 리더십
③ 전략적 리더십
④ 서번트 리더십

해설

서번트 리더십에 대한 설명이다. 서번트 리더십이란 구성원에게 목표를 공유하고 구성원들의 성장을 도모하면서, 리더와 구성원의 신뢰를 형성시켜 궁극적으로 조직성과를 달성하게 하는 리더십이다.

정답 ④

022 매슬로우의 욕구단계설에 따른 인간의 욕구변화를 바르게 나열한 것은? [2016, 지방직]

① 생리적 욕구 – 사회적 욕구 – 안전의 욕구 – 존경 욕구 – 자아실현 욕구
② 생리적 욕구 – 사회적 욕구 – 안전의 욕구 – 자아실현 욕구 – 존경 욕구
③ 생리적 욕구 – 안전의 욕구 – 사회적 욕구 – 존경 욕구 – 자아실현 욕구
④ 생리적 욕구 – 안전의 욕구 – 사회적 욕구 – 자아실현 욕구 – 존경 욕구

해설

매슬로우의 욕구단계설에 따른 인간의 5가지 욕구변화는 '생리적 욕구 – 안전의 욕구 – 사회적 욕구 – 존경 욕구 – 자아실현 욕구'이다.

정답 ③

023 매슬로우(Maslow)의 욕구이론 중 자신의 잠재력을 극대화 시키려는 욕구단계는? [2015, 서울]

① 사회적 욕구
② 자아실현 욕구
③ 존경 욕구
④ 생리적 욕구

해설

[매슬로우의 욕구 5단계]

생리적 욕구	생명을 유지하려는 욕구로서 의식주, 수면에 대한 욕구 등
안전 욕구	신체적, 감정적 안정에 대한 욕구, 위험을 회피하려는 욕구
사회적 욕구	소속감과 애정의 욕구, 타인과의 관계, 인정, 단체에 소속
존경 욕구	명예, 권력, 성취 등 다른 사람들에게 존경을 받고자 하는 욕구
자아실현 욕구	계속 발전을 위해 자신의 잠재력을 최대한 발휘하려는 욕구

정답 ②

024 조직에서 인간의 동기를 설명하는 허즈버그(Herzberg)의 이론에 대한 설명으로 가장 옳지 않은 것은? [2019, 서울]

① 사람의 욕구를 만족과 불만족의 2요인으로 설명하고 있다.
② 욕구를 단계적으로 보고 하위욕구가 충족되면 다음단계의 욕구가 동기부여를 할 수 있다.
③ 임금에 대한 불만족을 제거하여야 하지만 이를 통해 동기가 부여되는 것은 아니다.
④ 성취감, 승진 등의 동기요인이 만족되면 적극적인 태도로 유도될 수 있다.

해설

허즈버그 이론에서는 인간은 이질적인 욕구가 동시에 존재한다고 주장한다. 따라서 하위 욕구가 충족된다고 해서 다음 단계 욕구가 동기부여되는 것이 아니다. 만족의 반대는 불만족이 아니라 만족이 없는 것, 불만족의 반대는 만족이 아니라 불만족이 없는 것이다.

정답 ②

025 맥그리거(Mcgregor)의 Y이론에 대한 설명으로 가장 옳은 것은? [2018, 서울]

① 구성원은 처벌과 통제를 해야 한다.
② 조직구성원들의 경제적 욕구 추구에 대응한 경제적 보상 체계가 확립되어야 한다.
③ 자기 통제와 자기 지시를 행할 수 있다.
④ 인간은 자기중심적이고 책임지는 것을 싫어한다.

해설

맥그리거는 인간의 동기를 X이론과 Y이론으로 설명하였다. X이론은 전통적 인간관에 근거하며 인간은 본래 일하기 싫어하고 지시받은 일만 실행하는 존재이기 때문에 경영자는 금전적 보상을 유인으로 사용하고 엄격한 감독과 상세한 명령으로 통제를 강화해야 한다는 것이다. Y이론은 새로운 인간관에 근거하는 것으로 인간에게 노동은 놀이와 마찬가지로 자연스러운 것이며 인간은 노동을 통해 자신의 능력을 발휘하고 자아실현하고자 한다는 것이다. 따라서 경영자는 자율적이고 창의적으로 일할 수 있는 여건을 제공해야 한다는 것이다. ①, ②, ④는 X이론에 대한 설명이다.

정답 ③

026 동기부여이론에 대한 설명으로 옳은 것은? [2016, 지방직]

① 맥클랜드(McClelland)의 성취동기이론: 성취욕구가 강한 사람은 쉽게 완수할 수 있는 과업을 선호한다.
② 브룸(Vroom)의 기대이론: 자신이 타인과 동등하게 대우받을 것으로 예상할 때 동기가 부여된다.
③ 허즈버그(Herzberg)의 2요인이론: 직무 만족과 불만족은 각각 독립된 차원으로 존재하며, 각 차원에 영향을 미치는 주요 요인이 다르다.
④ 매슬로우(Maslow)의 욕구단계이론: 전체적 욕구개념으로 두 가지 이상의 욕구가 동시에 작용하여 개인 행동을 유발한다.

해설

맥클랜드(McClelland), 성취동기이론	성취욕구는 높은 기준을 설정하고 이를 달성하고자 하는 욕구로, 성취욕구가 높은 사람은 월등한 성과를 내고 싶어 하기 때문에 쉬운 과업에는 관심을 갖지 않는다.
브룸(Vroom), 기대이론	직무 수행 시 나타나는 기대감과 보상 정도에 따라 동기부여가 이루어진다.
매슬로우(Maslow), 욕구단계이론	간의 욕구는 하위 단계에서 상위 단계를 향해 계층적으로 배열되어 있으며, 하위 단계의 욕구가 충족되어야 그 다음 단계의 욕구가 발생한다.

정답 ③

027 동기부여 이론을 위생요인(불만족요인)과 동기부여요인(만족요인)으로 구분하여 설명한 학자는?

[2015. 경기]

① 맥그리거(McGregor) ② 매슬로우(Maslow)
③ 허즈버그(Herzberg) ④ 아지리스(Argyris)

해설

허즈버그는 2요인 이론을 통해 인간의 동기를 설명하였다. 직무 만족에 영향을 주는 요인을 '동기요인(motivator)'이고, 직무 불만족 요인을 위생요인(hygiene factor)'이다. 동기요인은 보다 나은 만족과 성과를 가져오게끔 동기를 부여하는 것으로 '만족요인'이라고 하며, 위생요인은 사람들의 직무에 대한 불만족을 미리 예방할 수 있는 환경적 조건이란 뜻으로 '불만족요인'이라고 한다. 불만족요인과 만족요인은 각각 독립된 차원으로 존재하며, 불만족 요인의 해소가 만족 요인을 증대시키지 않는다.

정답 ③

028 동기부여 이론 중 사람들의 욕구는 단계적으로 이루어져 있지 않으며 불만족과 만족 증진은 서로 별개의 차원으로 이루어져 있다고 주장한 학자는?

[2015. 서울]

① 맥그리거(McGregor) ② 아지리스(Argyris)
③ 브룸(Vroom) ④ 허즈버그(Herzberg)

해설

허즈버그는 2요인 이론을 통해 인간의 동기를 설명하였다. 불만족요인과 만족요인은 각각 독립된 차원으로 존재하며, 불만족 요인의 해소가 만족 요인을 증대시키지 않는다.

정답 ④

029 다음 중 동기부여이론의 제안자와 이론 및 그 특성을 바르게 조합한 것은? [2016, 서울]

① 허즈버그(Herzberg) - 2요인이론 - 불만족요인의 해소가 만족요인을 증대시킴
② 브룸(Vroom) - 기대이론 - 동기수준은 달성가능성과 욕구의 크기 등에 의해 결정됨
③ 맥그리거(McGregor) - X·Y이론 - X이론에서 인간은 조직문제 해결에 창의적임
④ 매슬로우(Maslow) - ERG이론 - 인간의 욕구를 존재욕구, 안전욕구, 성장욕구로 구분함

[동기부여이론의 제안자와 이론 및 특성]

Herzberg의 2요인이론	불만족요인과 만족요인은 각각 독립된 차원으로 존재하며, 불만족 요인의 해소가 만족 요인을 증대시키지 않음
McGregor의 X·Y이론	Y이론에서의 인간은 새로운 인간관에 근거한 인간으로 조직문제 해결에 창의적임
Alderfer의 ERG이론	인간의 욕구를 존재욕구, 관계욕구, 성장욕구로 구분함

정답 ②

030 브룸(V. Vroom)의 기대이론에 대한 설명으로 옳지 않은 것은? [2014, 대구]

① 기대감은 특정 행위를 통해 달성된 성과의 객관적 확률이다.
② 유의성은 특정한 보상에 대한 한 개인의 주관적 매력도이다.
③ 수단성은 개인 활동의 성과와 그에 따른 보상의 관계를 나타낸다.
④ 즉각적인 보상보다는 성과를 낸 후 보상을 받게 될 것이라는 기대감이 있으면 동기부여가 된다는 이론이다.

기대감은 자신의 노력이나 능력을 투입하면 성과가 있을 것이라는 주관적인 것이다.

정답 ①

031 다음의 상황에서 필요한 갈등해결 방법은? [2016. 서울]

- 양보할 수 없는 중요한 문제
- 신속하게 결정을 해야 하는 상황
- 조직의 질서유지에 필수적인 법규 시행

① 강요형(forcing)
② 회피형(avoiding)
③ 협동형(collaborating)
④ 타협형(compromising)

해설

회피형(avoiding)	갈등이 없었던 것처럼 행동하여 이를 의도적으로 피하는 방법
협동형(collaborating)	둘 다 만족할 수 있는 갈등해소책을 찾는 방법
타협형(compromising)	양보를 통해 절충안을 찾으려는 방법

정답 ①

032 동기부여 이론 중 X이론에 근거하여 관리자가 구성원을 대하는 좋은 방법은? [2022. 지방직]

① 경제적 보상과 제재
② 권한의 위임
③ 자율성 존중
④ 민주적 리더십

해설

1번 선지의 경제적 보상과 제재는 X이론에 근거한 접근으로 타당하다.
X이론 하에서의 가정은 ① 원래 종업원들은 일하기 싫어하며 가능하면 일하는 것을 피하려고 한다.
② 종업원들은 일하는 것을 싫어하므로 바람직한 목표를 달성하기 위해서는 통제되고 위협되어야 한다.
③ 종업원들은 책임을 회피하고 가능하면 공식적인 지시를 바란다.
④ 대부분의 종업원들은 작업과 관련된 모든 요소에 대하여 안전을 추구하며, 야심이 거의 없다는 등을 고려하는 것이다.

정답 ①

033 브룸(Vroom)의 기대이론에 대한 설명으로 가장 옳지 <u>않은</u> 것은? [2021. 서울 7급]

① 기대성, 수단성, 유의성의 세 가지 요소가 모두 높을 때 동기 부여 수준이 가장 높다.
② 수단성은 기대하는 수준의 성과를 달성하면 보상을 받을 것이라는 믿음이다.
③ 기대성은 자신의 노력이 일정한 성과를 달성한다는 기대이다.
④ 기대성의 대표적인 예로는 인센티브, 승진 등이 있다.

해설
브룸의 기대이론에서 기대성 또는 기대치는 '노력을 늘리면 성과도 높아질 것'이라는 노력과 성과 사이의 관계에 대한 평가이다. 인센티브, 승진 등은 수단성에 해당한다고 볼 수 있다.

정답 ④

034 동기부여 이론 중 내용이론이 아닌 것으로 가장 옳은 것은? [2020. 서울]

① 매슬로우(Maslow)의 욕구단계이론
② 아지리스(Argyris)의 미성숙-성숙이론
③ 브룸(Vroom)의 기대이론
④ 허즈버그(Herzberg)의 2요인이론

해설
브룸의 기대이론은 내용이론이 아니라 과정이론으로 분류된다.

정답 ③

035 조직에서 인간의 동기를 설명하는 허즈버그(Herzberg)의 이론에 대한 설명으로 가장 옳지 않은 것은?

[2019, 서울]

① 사람의 욕구를 만족과 불만족의 2요인으로 설명하고 있다.
② 욕구를 단계적으로 보고 하위욕구가 충족되면 다음단계의 욕구가 동기부여를 할 수 있다.
③ 임금에 대한 불만족을 제거하여야 하지만 이를 통해 동기가 부여되는 것은 아니다.
④ 성취감, 승진 등의 동기요인이 만족되면 적극적인 태도로 유도될 수 있다.

2번 선지는 매슬로우의 욕구단계설에 대한 설명으로 본다.

036 다음에서 설명하는 직무평가 방법은?

[2023, 지방직]

- 비계량적 방법으로 직무와 직무를 비교한다.
- 직무를 종합적으로 평가하여 상대적 중요도를 결정한다.

① 서열법(ranking method)
② 점수법(point rating method)
③ 요소비교법(factor comparisons method)
④ 직무분류법(job classification method)

직무평가의 방법 중 서열법에 대한 설명이다. 직무평가의 방법론에는 서열법, 직무분류법, 요소비교법, 점수법 등이 있으며 각각 평가대상(직무전체 또는 직무의 평가요소), 평가방법(계량적 방법, 비계량적 방법), 그리고 척도의 종류와 비교방법 등으로 구분된다.

037 임파워먼트 리더십(empowerment leadership)의 주요 개념에 해당하는 것만을 모두 고르면? [2023. 지방직]

> ㄱ. 업적에 따른 보상
> ㄴ. 핵심적 권한의 공유
> ㄷ. 섬김과 솔선수범

① ㄱ
② ㄴ
③ ㄱ, ㄴ
④ ㄴ, ㄷ

 해설

임파워먼트 리더십의 경우 권한의 위임과 이양이 핵심이다. 지휘체계에 따른 명령통제 보다는 실제 직무수행자들의 업무수행 능력을 제고하는 리더십이다. 즉, 권한위임이 대전제이며 비전의 공유, 정보의 공유 및 코칭 환경 등을 마련하는 것이 중요하다.

 정답 ②

차원이 다른 노하우를 전수한다.

김태윤 보건행정

Part 07

보건정책론

1 보건정책의 이해
2 정책과정

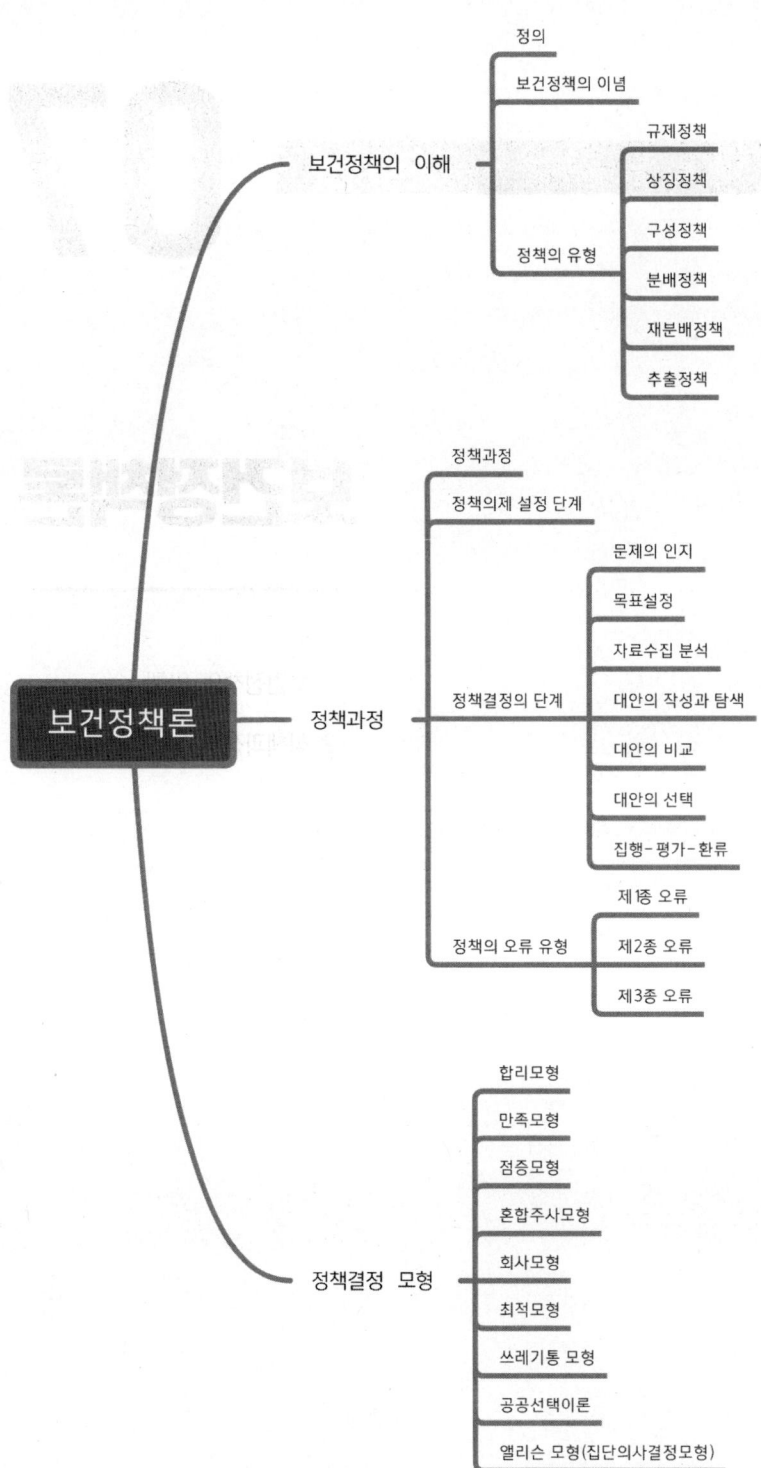

07편 보건정책론

001 일반정책과 다른 보건정책의 특성으로 가장 옳은 것은? [2018. 서울]

① 국가 경제 및 정치력에 영향을 받지 않는다.
② 인간생명을 다루어야 하는 위험의 절박성 때문에 효율성이 강조된다.
③ 보건의료부문은 구조적으로 단순한 연결고리를 가진다.
④ 보건정책의 대상은 국민 모두를 포함할 정도로 정책파급 효과가 광범위하다.

해설
① 국가 경제 및 정치력의 영향을 받는다. ② 효율성 보다는 효과성이 강조된다. ③ 구조적으로 정치, 경제, 사회 등 많은 연결고리를 가진다.

정답 ④

002 보건정책의 특성에 대한 설명으로 가장 거리가 먼 것은? [2015. 경기]

① 국가 정책에서 보건정책의 우선순위는 국가 경제력과 비례한다.
② 보건정책 수립 시에는 형평성 문제로 정책수단 활용에 제한이 있다.
③ 보건 분야는 시장경제 원리를 적용하는 데 한계가 있다.
④ 보건 분야는 상대적으로 이해관계 집단이 적고 구조적으로 느슨하게 얽혀져 있다.

해설
보건정책의 특성으로는 시장경제 원리 적용의 한계, 국가 경제력과 밀접한 관련, 광범위한 정책 파급효과, 형평성 강조, 욕구폭발현상, 구조적 다양성 등이 있다.

정답 ④

003 다음 글에서 설명하는 정책결정모형은? [2017, 서울]

- 정책결정시 합리성과 더불어 직관, 판단력, 창의력과 같은 초합리적 요인을 함께 중시한다.
- 경제적 합리성을 지향함으로써 정책결정의 과정에 대한 고찰이 불충분하다.

① 합리모형
② 만족모형
③ 혼합모형
④ 최적모형

해설

최적모형(Optimal Model)은 Dror가 주장한 모형으로, 정책형성에서 체제 전체가 최적화를 달성하게 하기 위한 합리적인 운영에 초점을 두고 있다. 경제적 합리성과 함께 초합리적 요인(직관, 판단, 창의성 등)을 중시한다. 최적의 의미는 불분명하며, 초합리성을 강조하지만 그것의 이용방법이나 합리성과의 관계가 모호하다는 비판이 있다.

정답 ④

004 보건정책결정의 합리모형에 대한 설명으로 옳은 것은? [2017, 서울]

① 인간능력의 한계 때문에 현실적으로 제약된 합리성을 추구한다는 모형이다.
② 현실을 긍정하고 비교적 한정된 수의 정책 대안만 검토하는 모형이다.
③ 의사결정자의 전지전능성의 가정과 주어진 목표 달성의 극대화를 위해 최대한의 노력을 한다는 모형이다.
④ 근본적 결정에는 합리모형을 적용하고 세부적 결정에는 점증모형을 적용하는 모형이다.

해설

합리모형에서는 의사결정이 인간의 이성과 합리성에 따라 합리적으로 이루어진다고 가정한다. 즉, 인간은 문제와 관련된 모든 대안을 고려할 수 있는 전지전능한 존재라는 가정 하에 목표달성을 극대화하기 위해 최대한 노력한다는 '합리적 인간'을 전제로 한다.

정답 ③

005 정책결정의 이론 중 다음 특징을 갖는 것으로 가장 옳은 것은? [2015. 서울]

- 경제적 합리성을 중요시함
- 계량적 모형의 성격을 가짐
- 합리적 모형과 초합리성 요인을 함께 고려함
- 정책결정자의 직관, 판단력, 창의력과 같은 초합리적 요인을 고려함

① 합리모형 ② 점증모형
③ 최적모형 ④ 혼합모형

최적모형(Dror, 1971)은 체제적인 관점에서 정책형성 시 체제 전체가 최적화를 달성하기 위한 합리적 운영방법에 초점을 둔다. 경제적 합리성과 함께 초합리성(직관, 판단, 창의력)을 중시한다.

정답 ③

006 혼합주사모형에 대한 설명으로 옳지 않은 것은? [2014. 대구]

① 에치오니(Etzioni)가 제시하였다.
② 이상적이고 비현실적인 상황을 배격한다.
③ 만족모형과 점증모형의 결합이다.
④ 새롭거나 독창적인 모형이 아니라는 비판을 받는다.

혼합주사모형은 합리모형과 점증모형의 단점을 제거하고 장점만 활용하여 변증법적으로 통합한 모형이다.

정답 ③

007 현존 정책에서 소폭의 변화만을 대안으로 고려하여 정책을 결정할 수밖에 없다고 보고 기존에 있는 것을 토대로 보완, 수정하는 방식으로, 예산의 모든 항목들을 종합적으로 검토하지 않고 전년도 예산과 비교하여 약간 향상된 예산을 결정하는 정책결정 모형은?

[2020. 서울 변형]

① 합리모형
② 점증모형
③ 만족모형
④ 최적모형

해설

점증모형은 합리모형이 현실의 정책결정에 적용하기 어렵다는 점을 비판하면서 등장한 모형이다. 인간의 인지능력의 제약, 현실의 정책결정 자체의 정치적 성격으로 등과 관련하여 합리모형의 문제를 지적하면서 기존 정책을 조금씩 향상시켜야 성과가 극대화될 수 있다고 설명한다.

정답 ②

008 로위(T. Lowi)가 분류한 정책 유형 중 구성정책(constitutional policy)의 예로 가장 옳지 않은 것은?

[2021. 서울 7급]

① 군인 퇴직연금 정책
② 벤처기업 창업지원금
③ 공직자 보수 책정
④ 정부의 새로운 기구 신설

해설

구성정책의 예로서 정부기관의 신설 또는 변경, 선거국 조정, 공무원 연금정책 등이 있다. 구성정책은 각 부서 간에 게임의 규칙이 발생하며, 총체적 기능과 권위적 성격을 특징으로 가지기 때문에 정책위의 정책 또는 상위 정책으로 본다.
지문에서 벤처기업의 창업기업금 등은 구성정책이 아니라 분배정책으로 분류할 수 있다.

정답 ②

009 <보기>에서 설명하는 로위(T. Lowi)의 정책유형에 해당하는 것은? [2020. 서울 7급]

> **보기**
> - 정부 자체를 대상으로 하는 정책이며 상위정책으로 불린다.
> - 정부를 구조화(조정, 변경 또는 신설)하고 운영하는 것과 관련된 정책이다.
> - 정당이 주로 정책과정의 주요 활동자로 역할을 수행한다.

① 규제정책 ② 구성정책
③ 재분배정책 ④ 배분정책

해설

보기에서 설명하고 있는 정책유형은 '구성정책'이다. 정치체계내에서 투입을 구조화하고 체계의 구조와 운영에 관련된 정책이다.

정답 ②

010 사회보험제도에서 소득수준에 따른 보험료의 차등부과 방식이 해당하는 정책의 유형은? [2019. 서울]

① 구성정책 ② 규제정책
③ 분배정책 ④ 재분배정책

해설

재분배정책이란 불균형하게 형성된 재산, 소득, 권리 따위를 계층이나 집단 간에 이동시키는 정책이다. 조세제도, 사회보험제도, 공공부조 프로그램 등이 해당된다.
소득수준에 따른 보험료의 차등 부과는 재분배정책으로 볼 수 있다. 고소득층으로 부터 저소득층으로 소득이전을 목적으로 하는 정책이다.

정답 ④

011 현대 행정의 과정을 순서대로 나열한 것은? [2016. 지방직]

① 기획 - 목표설정 - 정책결정 - 조직화 - 동기부여 - 통제 - 환류
② 기획 - 목표설정 - 조직화 - 정책결정 - 동기부여 - 통제 - 환류
③ 목표설정 - 정책결정 - 기획 - 조직화 - 동기부여 - 통제 - 환류
④ 목표설정 - 기획 - 정책결정 - 조직화 - 통제 - 환류 - 동기부여

해설

현대 행정 과정의 일반적 단계는 '목표설정 - 정책결정 - 기획 - 조직 - 동기부여 - 평가 - 시정(환류, feedback)'이다.

정답 ③

012 정책의제 설정과정에서의 내부접근모형(Inside Access Model)에 대한 설명으로 옳지 않은 것은? [2014. 경기 변형]

① 공중의제(공공의제)를 막는다.
② 의료보험제도, 가족계획사업 등이 있다.
③ 국민을 배제한다.
④ 권력이나 부가 집중된 나라에서 나타난다.

해설

[주도집단에 따른 정책의제 설정과정]

외부주도형	정부 밖에 있는 집단이 압력을 가하여 사회문제를 해결해 줄 것을 요구하는 형태로써 정부에 대하여 압력을 가할 수 있는 집단들이 발달하고 다원화되고 민주화된 선진국 정치체계에서 나타나는 유형이다. 언론기관과 정당의 역할이 중요하다.
동원형	정부의제가 먼저 채택되고 정부의 의도적인 노력에 의해서 공중의제로 확산되는 형태로써 정부의 힘이 강하고 민간의 힘이 약한 후진국에서 나타나는 유형이다.
내부접근형	정부 내의 관료집단이나 정책결정자에게 쉽게 접근할 수 있는 외부집단에 의해 주도되어 문제를 정책의제화하는 형태로써 의제형성과정에 일반국민이나 집단의 참여를 배제시킨 가운데 정책담당자들에 의해 바로 정책의제로 채택된다. 권력이나 부가 집중된 나라에서 흔히 나타나는 유형이다.

정답 ②

013 건강보험정책에 관한 사항을 심의·의결하기 위하여 보건복지부장관 소속으로 있는 건강보험정책심의위원회에 관한 설명으로 가장 옳은 것은?
[2014. 서울]

① 심의위원회 위원의 임기는 2년으로 한다.
② 심의위원회의 운영 등에 필요한 사항은 보건복지부령으로 정한다.
④ 심의위원회의 위원장은 보건복지부장관이다.
④ 근로자단체 및 사용자단체가 추천하는 위원은 각 3명이다.
⑤ 위원장 1명과 부위원장 1명을 포함하여 25명의 위원으로 구성한다.

해설

1) 임기는 3년이다, 2) 대통령령으로 한다, 3) 심의위원장은 보건복지부차관이다, 4) 근로자단체 및 사용자단체의 추천위원은 각 2명이다.

국민건강보험법 제4조(건강보험정책심의위원회)

① 건강보험정책에 관한 다음 각 호의 사항을 심의·의결하기 위하여 보건복지부장관 소속으로 건강보험정책심의위원회(이하 "심의위원회"라 한다)를 둔다.
  1. 제3조의2제1항 및 제3항에 따른 종합계획 및 시행계획에 관한 사항(심의에 한정한다)
  2. 제41조제3항에 따른 요양급여의 기준
  3. 제45조제3항 및 제46조에 따른 요양급여비용에 관한 사항
  4. 제73조제1항에 따른 직장가입자의 보험료율
  5. 제73조제3항에 따른 지역가입자의 보험료부과점수당 금액
  6. 그 밖에 건강보험에 관한 주요 사항으로서 대통령령으로 정하는 사항
② **심의위원회는 위원장 1명과 부위원장 1명을 포함하여 25명의 위원으로 구성한다.**
③ **심의위원회의 위원장은 보건복지부차관이 되고, 부위원장은 제4항제4호의 위원 중에서 위원장이 지명하는 사람이 된다.**
④ 심의위원회의 위원은 다음 각 호에 해당하는 사람을 보건복지부장관이 임명 또는 위촉한다.
  1. **근로자단체 및 사용자단체가 추천하는 각 2명**
  2. 시민단체(「비영리민간단체지원법」 제2조에 따른 비영리민간단체를 말한다. 이하 같다), 소비자단체, 농어업인단체 및 자영업자단체가 추천하는 각 1명
  3. 의료계를 대표하는 단체 및 약업계를 대표하는 단체가 추천하는 8명
  4. 다음 각 목에 해당하는 8명
    가. 대통령령으로 정하는 중앙행정기관 소속 공무원 2명
    나. 국민건강보험공단의 이사장 및 건강보험심사평가원의 원장이 추천하는 각 1명
    다. 건강보험에 관한 학식과 경험이 풍부한 4명
⑤ **심의위원회 위원(제4항제4호가목에 따른 위원은 제외한다)의 임기는 3년으로 한다.** 다만, 위원의 사임 등으로 새로 위촉된 위원의 임기는 전임위원 임기의 남은 기간으로 한다.
⑥ **심의위원회의 운영 등에 필요한 사항은 대통령령으로 정한다.**

정답 ⑤

014 정책과정에서 공식적인 정책 결정 참여자가 아닌 것은? [2014, 서울]

① 정당
② 국회
③ 행정부처
④ 대통령

해설

정책과정에서 공식적인 정책 결정 참여자는 의회, 대통령, 행정수반과 고위관료(정무관과 행정관), 행정부처, 사법부이고, 비공식적 참여자는 정당, 시민단체(NGO), 정책공동체(Policy Community), 일반국민 및 언론, 이익집단이다.

정답 ①

015 건강증진사업을 통하여 흡연자를 대상으로 집단 금연교육을 실시한 후 실제로 금연한 사람의 비율이 어느 정도인가를 측정하는 것과 관련이 있는 것은? [2017, 서울]

① 접근성
② 형평성
③ 민주성
④ 효과성

해설

효과성 평가는 정책을 집행한 결과 의도했던 정책효과가 나타났는지를 평가하는 것이다. 정책평가의 기준으로 효율성, 효과성, 주민의 만족도, 대응성(요구에 얼마나 적절하게 대응했는가), 체제유지 기준 등을 고려할 수 있다.

정답 ④

016 담뱃값 인상이 금연인구의 증가를 가져왔는지 평가하는 정책평가 기준은? [2015, 서울]

① 형평성 ② 능률성
③ 효과성 ④ 대응성

해설

[정책평가 기준]

적절성(relevance)	프로그램이 대상집단, 수혜자, 제공자의 우선순위와 정책에 적합한 정도
효과성(effectiveness)	프로그램이 목적을 달성한 정도
효율성(efficiency)	투입과 관련된 양적 질적 산출 정도
영향(impact)	프로그램에 의해 발생된 의도적, 비의도적, 긍정적, 부정적, 거시적, 미시적인 모든 변화
지속가능성(sustainability)	사업 중단 후에도 그 효과가 지속될 수 있는지의 여부

정답 ③

017 정책결정이론 모형에 대한 설명으로 옳은 것은? [2022, 지방직]

① '합리모형'은 객관적인 사실판단을 할 때, 인간 능력의 한계로 부득이 제한된 합리성을 전제로 하고 있다.
② '만족모형'은 의사결정이 인간의 이성과 합리성에 근거하여 합리적으로 이루어진다고 가정하는 이론이다.
③ '혼합주사모형'은 개인적 차원의 의사결정에 초점을 두는 만족모형을 발전시켜 조직의 집단적 차원에 적용시킨 것이다.
④ '최적모형'은 질적으로 보다 나은 정책을 산출하기 위한 정책결정 체제 운영에 초점을 두고 있으며, 합리성뿐만 아니라 직관이나 판단력과 같은 초합리적 요인도 중요시한다.

해설

1번 선지 합리모형에서는 제한된 합리성이 아니라 완전한 합리성을 전제한다.
2번 선지 만족모형이 아니라 합리모형에 대한 설명이다.
3번 선지는 회사모형 또는 연합모형에 대한 설명이라고 볼 수 있다.

정답 ④

018 정책결정의 합리모형(Rational Model)에 대한 설명으로 가장 옳지 않은 것은? [2021, 서울]

① 현실적으로 완전한 합리성이란 존재하지 않으며 제한된 합리성을 추구한다.
② 의사결정자는 목표나 가치를 극대화하는 대안을 선택한다.
③ 경제적 합리성을 추구한다.
④ 각 대안으로부터 나타날 모든 결과가 계산되고 예측이 가능하여 최적의 대안을 선택한다.

해설

합리모형은 투입을 산출로 바꾸는 변환과정의 요소들이 어떻게 최적으로 배열되어야 하는가를 제시하는 규범적 모형이다. 완전한 합리성을 추구한다. 제한된 합리성을 고려하는 모형은 만족모형이다.

정답 ①

019 <보기>의 밑줄 친 내용에 해당하는 정책결정과정의 단계는? [2021, 서울 7급]

보기

지난 1년간 만 0세부터 6세의 영유아를 대상으로 의료이용 시 본인부담금을 보장해주는 보장성 강화 정책에 대한 논의가 이루어져 왔다. 이 과정에서 지급대상, 수혜범위 등에 대하여 다양한 대안들이 제시되고 대립되었으나, 소득수준과 상관없이 전 영유아들을 대상으로 연간 최대 100만원까지 입원서비스에 한하여 본인부담금을 지원 해주기로 하였다.

① 정책의제형성   ② 정책결정
③ 정책집행   ④ 정책평가

해설

보기의 단계는 정책결정의 단계로 이해할 수 있다.
정책결정의 과정은 ① 문제의 인지와 목표 설정, ② 정보의 수집 및 분석, ③ 대안의 탐색 및 평가, ④ 최선의 정책대안의 선택 등으로 이루어진다.

정답 ②

020 보건정책결정 과정을 순서대로 바르게 나열한 것은? [2020. 서울]

① 문제의 인지 → 정보의 수집 및 분석 → 대안의 작성 및 평가 → 대안의 선택 → 환류
② 대안의 선택 → 정보의 수집 및 분석 → 대안의 작성 및 평가 → 문제의 인지 → 환류
③ 정보의 수집 및 분석 → 문제의 인지 → 대안의 작성 및 평가 → 대안의 선택 → 환류
④ 대안의 작성 및 평가 → 정보의 수집 및 분석 → 문제의 인지 → 대안의 선택 → 환류

해설

① 문제의 인지와 목표 설정, ② 정보의 수집 및 분석, ③ 대안의 탐색 및 평가, ④ 최선의 정책대안의 선택 등으로 이루어진다.

정답 ①

021 <보기>에서 설명하는 정책결정 이론 모형으로 가장 옳은 것은? [2020. 서울]

보기

근본적인 방향의 설정은 관련된 모든 사안을 꼼꼼히 살펴보고 분석, 예측하여 최선의 대안을 선택하지만, 세부적인 문제의 결정은 기존의 정책을 바탕으로 약간 향상된 대안을 탐색하는 현실적인 모형

① 최적모형
② 혼합모형
③ 합리모형
④ 점증모형

해설

에치오니는 정책결정의 규범적·이상적 접근방법인 합리모형과 현실적·실증적 접근방법인 점증모형을 절충하여 제시한 모형으로 혼합모형에 대한 설명이다. 이 모형에서는 정책결정을 기본적 결정과 부분적 결정으로 나누어 서로 따른 모형을 적용하였다. 이 이론의 경우 이론적 독자성이 없고 독립된 모형으로 보기에는 어렵다. 합리모형과 점증모형의 결함을 사실상은 극복하지 못하고 있다는 제한점이 있다.

정답 ②

022 보건정책의 평가 기준에 대한 설명으로 가장 옳지 <u>않은</u> 것은? [2019. 서울 7급]

① 능률성이란 산출 대 투입의 비율을 의미한다.
② 효과성은 정책목표의 달성도를 의미한다.
③ 대응성은 보건정책의 효과나 편익이 모든 사람에게 공정하게 배분되어 있는가를 분석하는 기준을 의미한다.
④ 적정성이란 가치있는 결과의 성취가 문제를 어느 정도 해결해 주었느냐에 대한 평가이다.

해설

대응성이 아니라 형평성에 대한 설명이다. 대응성은 보건정책이 국민 한 명 한 명의 욕구를 바르게 파악하고, 그 욕구를 충족시켜주어야 함을 의미한다. 즉, 행정은 끊임없이 국민의 목소리를 듣고, 국민이 원하는 맞춤형 정책들을 추진해나가는 것이라고 이해된다.

정답 ③

023 <보기>에서 설명하는 정책결정 이론모형은? [2019. 서울 7급]

보기

- 제한된 합리성에 기초한다.
- Simon과 March가 이론을 제시하였다.
- 결정자의 개인적, 심리적 차원에 치중하여 정책을 설명하고자 하는 모형이다.

① 점증모형　　　　　　　　② 만족모형
③ 쓰레기통모형　　　　　　④ 회사모형

해설

정책결정 이론모형에서 만족모형은 제한된 합리성, 주관적 합리성을 강조한다. 만족대안을 선택한다는 특징을 가진 모형이다.

정답 ②

024 로위(Lowi)의 정책 유형 분류 중 다음 사례에 해당하는 것은? [2023. 지방직]

> 질병관리본부가 질병관리청으로 승격되어 예산, 인사, 조직을 독자적으로 운영할 수 있는 실질적인 권한을 가지게 되었다.

① 재분배정책(redistributive policy)
② 규제정책(regulatory policy)
③ 배분정책(distributive policy)
④ 구성정책(constitutional policy)

구성정책에 대한 설명이다. 정치체계 또는 구조의 변경을 위한 구성, 정부조직의 개편 등이 이에 해당한다.

차원이 다른 노하우를 전수한다.

김태윤 보건행정

Part 08

보건의료관계법규

1 의료법
2 지역보건법
3 국민건강보험법/의료급여법
4 감염병의 예방 및 관리에 관한 법률
5 국민건강증진법 및 기타 관계법규

08 보건의료관계법규

- 보건의료기본법
- 국민건강증진법
- 감염병예방법
- 의료법
- 지역보건법/의료급여법
- 국민건강보험법

08편 보건의료관계법규

001 의료법에서 규정하는 의료인으로 바르게 규정된 것은? [2007. 경북]

① 의사, 치과의사, 한의사, 조산사, 간호사
② 의사, 치과의사, 한의사, 조산사, 한지의사
③ 의사, 한의사, 조산사, 간호사, 물리치료사
④ 의사, 치과의사, 한의사, 한지의사, 간호사

해설

의료법에서 의료인이란 보건복지부장관의 면허를 받은 의사·치과의사·한의사·조산사 및 간호사를 말한다.(의료법 제2조) 한편, 한지의사란 특정 지역내에서만 의료활동을 할 수 있도록 제한을 받는 의사로서 일제시대 의료인력이 크게 부족한 상황에서 의료인력의 수급을 위해서 마련된 제도였다

의료법 제79조(한지 의료인)
① 이 법이 시행되기 전의 규정에 따라 면허를 받은 한지 의사(限地 醫師), 한지 치과의사 및 한지 한의사는 허가받은 지역에서 의료업무에 종사하는 경우 의료인으로 본다.
② 보건복지부장관은 제1항에 따른 의료인이 허가받은 지역 밖에서 의료행위를 하는 경우에는 그 면허를 취소할 수 있다.
③ 제1항에 따른 의료인의 허가지역 변경, 그 밖에 필요한 사항은 보건복지부령으로 정한다.
④ 한지 의사, 한지 치과의사, 한지 한의사로서 허가받은 지역에서 10년 이상 의료업무에 종사한 경력이 있는 자 또는 이 법 시행 당시 의료업무에 종사하고 있는 자 중 경력이 5년 이상인 자에게는 제5조에도 불구하고 보건복지부령으로 정하는 바에 따라 의사, 치과의사 또는 한의사의 면허를 줄 수 있다.

정답 ①

002 우리나라 의료법에 규정된 의료기관에 해당하는 것을 모두 고르면?　　　　　　　　　　[2010, 지방직]

㉠ 요양병원	㉡ 보건소
㉢ 조산원	㉣ 노인병원

① ㉠, ㉡, ㉢　　　　　　　　　② ㉠, ㉢
③ ㉡, ㉣　　　　　　　　　　　④ ㉣

해설

제3조(의료기관)
① 이 법에서 "의료기관"이란 의료인이 공중(公衆) 또는 특정 다수인을 위하여 의료·조산의 업(이하 "의료업"이라 한다)을 하는 곳을 말한다.
② 의료기관은 다음 각 호와 같이 구분한다.
　1. 의원급 의료기관: 의사, 치과의사 또는 한의사가 주로 외래환자를 대상으로 각각 그 의료행위를 하는 의료기관으로서 그 종류는 다음 각 목과 같다.
　　가. 의원
　　나. 치과의원
　　다. 한의원
　2. 조산원: 조산사가 조산과 임산부 및 신생아를 대상으로 보건활동과 교육·상담을 하는 의료기관을 말한다.
　3. 병원급 의료기관: 의사, 치과의사 또는 한의사가 주로 입원환자를 대상으로 의료행위를 하는 의료기관으로서 그 종류는 다음 각 목과 같다.
　　가. 병원
　　나. 치과병원
　　다. 한방병원
　　라. 요양병원(「장애인복지법」 제58조제1항제4호에 따른 의료재활시설로서 제3조의2의 요건을 갖춘 의료기관을 포함한다. 이하 같다)
　　마. 정신병원
　　바. 종합병원

보건소는 지역보건의료기관이다.

정답 ②

003 「의료법」 제3조의4의 상급종합병원에 대한 설명으로 옳지 <u>않은</u> 것은? [2011. 지방직]

① 중증질환에 대하여 난이도가 높은 의료행위를 전문적으로 하는 종합병원을 말한다.
② 보건복지부는 3년마다 기관에 대한 평가를 직접 시행해야 한다.
③ 보건복지부령으로 정한 전문과에는 반드시 전속 전문의가 배치되어야 한다.
④ 질병군 별 환자구성 비율이 보건복지부령으로 정하는 기준에 충족해야 한다.

해설

② 보건복지부장관은 3년마다 평가를 실시하여 재지정하거나 지정을 취소할 수 있다.

제3조의4(상급종합병원 지정)
① 보건복지부장관은 다음 각 호의 요건을 갖춘 종합병원 중에서 중증질환에 대하여 난이도가 높은 의료행위를 전문적으로 하는 종합병원을 상급종합병원으로 지정할 수 있다. <개정 2010. 1. 18.>
  1. 보건복지부령으로 정하는 20개 이상의 진료과목을 갖추고 각 진료과목마다 전속하는 전문의를 둘 것
  2. 제77조제1항에 따라 전문의가 되려는 자를 수련시키는 기관일 것
  3. 보건복지부령으로 정하는 인력·시설·장비 등을 갖출 것
  4. 질병군별(疾病群別) 환자구성 비율이 보건복지부령으로 정하는 기준에 해당할 것
② 보건복지부장관은 제1항에 따른 지정을 하는 경우 제1항 각 호의 사항 및 전문성 등에 대하여 평가를 실시하여야 한다. <개정 2010. 1. 18.>
③ 보건복지부장관은 제1항에 따라 상급종합병원으로 지정받은 종합병원에 대하여 3년마다 제2항에 따른 평가를 실시하여 재지정하거나 지정을 취소할 수 있다. <개정 2010. 1. 18.>
④ 보건복지부장관은 제2항 및 제3항에 따른 평가업무를 관계 전문기관 또는 단체에 위탁할 수 있다. <개정 2010. 1. 18.>
⑤ 상급종합병원 지정·재지정의 기준·절차 및 평가업무의 위탁 절차 등에 관하여 필요한 사항은 보건복지부령으로 정한다. <개정 2010. 1. 18.>

정답 ②

004 다음 보기 중 「의료법」에 의한 '상급종합병원'의 요건으로 옳지 <u>않은</u> 것은? [2015. 서울시]

① 보건복지부령으로 정하는 인력·시설·장비 등을 갖추어야 한다.
② 10개 이상의 진료과목을 갖추고 각 진료과목마다 전문의를 두어야 한다.
③ 전문의가 되려는 자를 수련시키는 기관이어야 한다.
④ 질병군별 환자구성비율이 보건복지부령으로 정하는 기준을 충족해야 한다.

해설

② 보건복지부령으로 정하는 20개 이상의 진료과목을 갖추고 각 진료과목마다 전속하는 전문의를 두어야 한다.

제3조의4(상급종합병원 지정)
① 보건복지부장관은 다음 각 호의 요건을 갖춘 종합병원 중에서 중증질환에 대하여 난이도가 높은 의료행위를 전문적으로 하는 종합병원을 상급종합병원으로 지정할 수 있다. <개정 2010. 1. 18.>
  1. 보건복지부령으로 정하는 20개 이상의 진료과목을 갖추고 각 진료과목마다 전속하는 전문의를 둘 것
  2. 제77조제1항에 따라 전문의가 되려는 자를 수련시키는 기관일 것
  3. 보건복지부령으로 정하는 인력·시설·장비 등을 갖출 것
  4. 질병군별(疾病群別) 환자구성 비율이 보건복지부령으로 정하는 기준에 해당할 것
② 보건복지부장관은 제1항에 따른 지정을 하는 경우 제1항 각 호의 사항 및 전문성 등에 대하여 평가를 실시하여야 한다. <개정 2010. 1. 18.>
③ 보건복지부장관은 제1항에 따라 상급종합병원으로 지정받은 종합병원에 대하여 3년마다 제2항에 따른 평가를 실시하여 재지정하거나 지정을 취소할 수 있다. <개정 2010. 1. 18.>
④ 보건복지부장관은 제2항 및 제3항에 따른 평가업무를 관계 전문기관 또는 단체에 위탁할 수 있다. <개정 2010. 1. 18.>
⑤ 상급종합병원 지정·재지정의 기준·절차 및 평가업무의 위탁 절차 등에 관하여 필요한 사항은 보건복지부령으로 정한다. <개정 2010. 1. 18.>
[본조신설 2009. 1. 30.]

정답 ②

005 다음 중 의료법령상 지방자치단체장에게 신고 또는 승인받아야 하는 경우를 모두 고르면?

[2012. 지방직]

㉠ 의원을 개설한 의사 A씨는 2개월 간의 해외출장을 이유로 의사 B 씨에게 진료를 맡기려고 한다.
㉡ 병원에 진단용 방사선 발생장치를 설치·운영하고자 한다.
㉢ 병원의 노사분규로 인하여 1개월 이상 휴업하고자 한다.

① ㉠㉡
② ㉠㉢
③ ㉡㉢
④ ㉠㉡㉢

해설

제26조(의료기관 개설신고사항의 변경신고)
① 법 제33조제5항에 따라 의원·치과의원·한의원 또는 조산원 개설자가 그 개설 장소를 이전하거나 다음 각 호의 어느 하나에 해당하는 개설신고사항의 변경신고를 하려면 의료기관 개설신고증명서와 변경 사항을 확인할 수 있는 서류의 사본을 첨부하여 별지 제14호서식의 신고사항 변경신고서(전자문서로 된 신고서를 포함한다)를 시장·군수·구청장에게 제출하여야 한다. <개정 2008. 9. 5., 2010. 1. 29., 2015. 7. 24.>
 1. 의료기관 개설자의 변경 사항
 2. 의료기관 개설자가 입원, 해외 출장 등으로 다른 의사·치과의사·한의사 또는 조산사에게 진료하게 할 경우 그 기간 및 해당 의사 등의 인적 사항
 3. 의료기관의 진료과목의 변동 사항
 4. 진료과목 증감이나 입원실 등 주요 시설의 변경에 따른 시설 변동 내용
 5. 의료기관의 명칭 변경 사항
 6. 의료기관의 의료인 수
② 제1항에 따른 변경신고와 관련하여 그 변경사항에 대한 확인 방법 및 기준에 관하여는 제25조제2항을 준용한다. 다만, 같은 항 제3호의 경우에는 의료기관 개설장소의 이전이나 제1항제4호에 따른 시설 변동만 해당한다. <개정 2017. 6. 21>
③ 시장·군수·구청장은 제1항에 따른 변경신고를 수리한 경우에 의료기관개설신고증명서의 기재사항을 고쳐쓸 필요가 있으면 이를 개서(改書)하여 주거나 재발급하여야 한다. <개정 2008. 9. 5., 2015. 5. 29.>

006 「의료법」에서 병원을 개설할 때 거쳐야 할 절차는?

[2017, 서울시(사복직)]

① 시·도지사에게 신고
② 시·도지사에게 허가
③ 시장·군수·구청장에게 신고
④ 시장·군수·구청장에게 허가

해설

의료법에서 병원을 개설할 때 거쳐야 할 절차는 ② 시·도지사에게 허가를 받아야 한다.

007 다음 중 「의료법 시행규칙」에서 규정하는 진료에 관한 기록보존 연한으로 옳지 않은 것은?

[2017, 서울시(사복직)]

① 환자명부 - 5년
② 검사소견기록 - 5년
③ 간호기록부 - 5년
④ 처방전 - 5년

해설

「의료법 시행규칙」에서 규정하는 진료에 관한 기록보존 연한
제15조(진료기록부 등의 보존)
① 의료인이나 의료기관 개설자는 법 제22조제2항에 따른 진료기록부등을 다음 각 호에 정하는 기간 동안 보존하여야 한다. 다만, 계속적인 진료를 위하여 필요한 경우에는 1회에 한정하여 다음 각 호에 정하는 기간의 범위에서 그 기간을 연장하여 보존할 수 있다. <개정 2015. 5. 29., 2016. 10. 6., 2016. 12. 29.>
1. 환자 명부 : 5년
2. 진료기록부 : 10년
3. 처방전 : 2년
4. 수술기록 : 10년
5. 검사내용 및 검사소견기록 : 5년
6. 방사선 사진(영상물을 포함한다) 및 그 소견서 : 5년
7. 간호기록부 : 5년
8. 조산기록부 : 5년
9. 진단서 등의 부본(진단서·사망진단서 및 시체검안서 등을 따로 구분하여 보존할 것) : 3년

정답 ④

008 <보기>의 운영기준을 준수해야 하는 기관은?

[2018, 서울시]

보기

- 의사는 연평균 1일 입원환자 80명까지는 2명, 80명 초과 입원환자는 매 40명마다 1명이 근무하여야 함(한의사 포함)
- 간호사는 연평균 1일 입원환자 6명마다 1명이 근무하여야 함
- 간호조무사는 간호사 정원의 2/3범위에서 근무 가능함

① 요양원
② 병원
③ 한방병원
④ 요양병원

해설

[의료기관에 두는 의료인의 정원 문제로 의료법 시행규칙 별표 5]

■ 의료법 시행규칙 [별표 5] <개정 2015.5.29.> 의료기관에 두는 의료인의 정원(제38조 관련)

구분	종합병원	병원	치과병원	한방병원	요양병원	의원	치과의원	한의원
의사	연평균 1일 입원환자를 20명으로 나눈 수(이 경우 소수점은 올림). 외래환자 3명은 입원환자 1명으로 환산함	종합병원과 같음	추가하는 진료과목당 1명(법 제43조 제2항에 따라 의과 진료과목을 설치하는 경우)	추가하는 진료과목당 1명(법 제43조 제2항에 따라 의과 진료과목을 설치하는 경우)	연평균 1일 입원환자 80명까지는 2명으로 하되, 80명을 초과하는 입원환자는 매 40명마다 1명을 기준으로 함(한의사를 포함하여 환산함). 외래환자 3명은 입원환자 1명으로 환산함	종합병원과 같음		
치과의사	의사의 경우와 같음	추가하는 진료과목당 1명(법 제43조제3항에 따라 치과 진료과목을 설치하는 경우)	종합병원과 같음	추가하는 진료과목당 1명(법 제43조제3항에 따라 치과 진료과목을 설치하는 경우)	추가하는 진료과목당 1명(법 제43조제3항에 따라 치과 진료과목을 설치하는 경우)		종합병원과 같음	
한의사	추가하는 진료과목당 1명(법 제43조제1항에 따라 한의과 진료과목을 설치하는 경우)	추가하는 진료과목당 1명(법 제43조제1항에 따라 한의과 진료과목을 설치하는 경우)	추가하는 진료과목 1명(법 제43조 제1항에 따라 한의과 진료과목을 설치하는 경우)	연평균 1일 입원환자를 20명으로 나눈 수(이 경우 소수점은 올림). 외래환자 3명은 입원환자 1명으로 환산함	연평균 1일 입원환자 40명마다 1명을 기준으로 함(의사를 포함하여 환산함). 외래환자 3명은 입원환자 1명으로 환산함			한방병원과 같음
조산사	산부인과에 배정된 간호사 정원의 3분의 1 이상	종합병원과 같음(산부인과가 있는 경우에만 둠)		종합병원과 같음 (법 제43조제2항에 따라 산부인과를 설치하는 경우)		병원과 같음		
간호사 (치과의료 기관의 경우에는 치과위생사 또는 간호사)	연평균 1일 입원환자를 2.5명으로 나눈 수(이 경우 소수점은 올림). 외래환자 12명은 입원환자 1명으로 환산함	종합병원과 같음	종합병원과 같음	연평균 1일 입원환자를 5명으로 나눈 수(이 경우 소수점은 올림). 외래환자 12명은 입원환자 1명으로 환산함	연평균 1일 입원환자 6명마다 1명을 기준으로 함(나만, 간호조무사는 간호사 정원의 3분의 2 범위 내에서 둘 수 있음). 외래환자 12명은 입원환자 1명으로 환산함	종합병원과 같음	종합병원과 같음	한방병원과 같음

 ④

009 우리나라 의료기관 인증제도에 대한 설명으로 옳은 것은? [2017, 서울]

① 인증등급은 인증, 조건부인증으로만 구분한다.
② 인증의 유효기간은 4년, 조건부인증의 경우에는 1년이다.
③ 인증은 종합병원급 이상 의료기관이 자율적으로 인증을 신청한다.
④ 인증전담기관의 장은 의료기관 인증 신청을 접수한 날부터 15일 내에 해당 의료기관의 장과 협의하여 조사 일정을 정하고 이를 통보해야 한다.

해설

① 의료법 제58조의3(의료기관 인증기준 및 방법 등)2항: 인증등급은 인증, 조건부인증 및 불인증으로 구분한다.
③ 의료법 제58조(의료기관 인증) 1항: 보건복지부장관은 의료의 질과 환자 안전의 수준을 높이기 위하여 병원급 의료기관 및 대통령령으로 정하는 의료기관에 대한 인증(이하 "의료기관 인증"이라 한다)을 할 수 있다.
④ 의료법 시행규칙 제64조의2(조사일정 통보): 인증원의 장은 제64조제1항에 따른 의료기관 인증 신청을 접수한 날부터 30일 내에 해당 의료기관의 장과 협의하여 조사일정을 정하고 이를 통보해야 한다.

정답 ②

010 「의료법」상 의료기관 인증기준에 포함되는 것으로만 묶인 것은? [2017, 서울]

| ㉠ 환자의 권리와 안전 | ㉡ 직원 만족도 |
| ㉢ 의료서비스의 제공과정 및 성과 | ㉣ 신의료기술의 안정성에 대한 평가 |

① ㉠㉡
② ㉠㉢
③ ㉠㉣
④ ㉡㉣

해설

의료법 제58조의3(의료기관 인증기준 및 방법 등)
① 의료기관 인증기준은 다음 각 호의 사항을 포함하여야 한다.
  1. 환자의 권리와 안전
  2. 의료기관의 의료서비스 질 향상 활동
  3. 의료서비스의 제공과정 및 성과
  4. 의료기관의 조직·인력관리 및 운영
  5. 환자 만족도
② 인증등급은 인증, 조건부인증 및 불인증으로 구분한다.
③ 인증의 유효기간은 4년으로 한다. 다만, 조건부인증의 경우에는 유효기간을 1년으로 한다.
④ 조건부인증을 받은 의료기관의 장은 유효기간 내에 보건복지부령으로 정하는 바에 따라 재인증을 받아야 한다.
⑤ 제1항에 따른 인증기준의 세부 내용은 보건복지부장관이 정한다.

정답 ②

011 「의료법」상 의료기관 인증기준 및 방법에 대한 설명으로 가장 옳지 않은 것은? [2022. 서울]

① 인증기준에 환자의 권리와 안전, 환자 만족도 등을 포함한다.
② 인증등급은 인증, 조건부인증 및 불인증으로 구분한다.
③ 인증의 유효기간은 5년이며, 조건부인증의 유효기간은 1년이다.
④ 조건부인증은 유효기간 내에 보건복지부령에 따라 재인증을 받아야 한다.

해설

③ 인증의 유효기간은 4년이다.

제58조의3(의료기관 인증기준 및 방법 등) ① 의료기관 인증기준은 다음 각 호의 사항을 포함하여야 한다.
1. 환자의 권리와 안전
2. 의료기관의 의료서비스 질 향상 활동
3. 의료서비스의 제공과정 및 성과
4. 의료기관의 조직·인력관리 및 운영
5. 환자 만족도
② 인증등급은 인증, 조건부인증 및 불인증으로 구분한다. <개정 2020. 3. 4.>
③ 인증의 유효기간은 4년으로 한다. 다만, 조건부인증의 경우에는 유효기간을 1년으로 한다. <개정 2020. 3. 4.>
④ 조건부인증을 받은 의료기관의 장은 유효기간 내에 보건복지부령으로 정하는 바에 따라 재인증을 받아야 한다. <개정 2020. 3. 4.>
⑤ 제1항에 따른 인증기준의 세부 내용은 보건복지부장관이 정한다. <개정 2020. 3. 4.>

정답 ③

012 「의료법」에 따라 한의사를 두어 한의과 진료과목을 추가로 운영할 수 없는 병원은? [2021. 서울 7급]

① 종합병원 ② 정신병원
③ 치과병원 ④ 병원

해설

제43조(진료과목 등) ① 병원·치과병원 또는 종합병원은 한의사를 두어 한의과 진료과목을 추가로 설치·운영할 수 있다.
② 한방병원 또는 치과병원은 의사를 두어 의과 진료과목을 추가로 설치·운영할 수 있다.
③ 병원·한방병원·요양병원 또는 정신병원은 치과의사를 두어 치과 진료과목을 추가로 설치·운영할 수 있다. <개정 2020. 3. 4.>
④ 제1항부터 제3항까지의 규정에 따라 추가로 진료과목을 설치·운영하는 경우에는 보건복지부령으로 정하는 바에 따라 진료에 필요한 시설·장비를 갖추어야 한다. <개정 2010. 1. 18.>
⑤ 제1항부터 제3항까지의 규정에 따라 추가로 설치한 진료과목을 포함한 의료기관의 진료과목은 보건복지부령으로 정하는 바에 따라 표시하여야 한다. 다만, 치과의 진료과목은 종합병원과 제77조제2항에 따라 보건복지부령으로 정하는 치과병원에 한하여 표시할 수 있다. <개정 2010. 1. 18.>
[전문개정 2009. 1. 30.][법률 제9386호(2009. 1. 30.) 부칙 제2조의 규정에 의하여 이 조 제5항 단서의 개정규정 중 치과의사에 대한 부분은 2013년 12월 31일까지 유효함]

정답 ②

013 「의료법」상 우리나라 보건의료기관 시설과 인력 기준에 대한 설명으로 가장 옳은 것은? [2020. 서울]

① 상급종합병원은 9개 이상의 진료과목이 개설되어야 한다.
② 치과병원과 요양병원은 30병상 이상의 입원시설이 필요하다.
③ 100병상을 초과하는 종합병원에는 반드시 치과가 포함되어야 한다.
④ 종합병원에 설치되는 필수진료과목에는 전속하는 전문의가 있어야 한다.

해설

제3조(의료기관) ① 이 법에서 "의료기관"이란 의료인이 공중(公衆) 또는 특정 다수인을 위하여 의료·조산의 업(이하 "의료업"이라 한다)을 하는 곳을 말한다.
② 의료기관은 다음 각 호와 같이 구분한다. <개정 2009. 1. 30., 2011. 6. 7., 2016. 5. 29., 2019. 4. 23., 2020. 3. 4.>
  1. 의원급 의료기관: 의사, 치과의사 또는 한의사가 주로 외래환자를 대상으로 각각 그 의료행위를 하는 의료기관으로서 그 종류는 다음 각 목과 같다.
    가. 의원
    나. 치과의원
    다. 한의원
  2. 조산원: 조산사가 조산과 임산부 및 신생아를 대상으로 보건활동과 교육·상담을 하는 의료기관을 말한다.
  3. 병원급 의료기관: 의사, 치과의사 또는 한의사가 주로 입원환자를 대상으로 의료행위를 하는 의료기관으로서 그 종류는 다음 각 목과 같다.
    가. 병원
    나. 치과병원
    다. 한방병원
    라. 요양병원(「장애인복지법」 제58조제1항제4호에 따른 의료재활시설로서 제3조의2의 요건을 갖춘 의료기관을 포함한다. 이하 같다)
    마. 정신병원
    바. 종합병원

제3조의3(종합병원) ① 종합병원은 다음 각 호의 요건을 갖추어야 한다. <개정 2011. 8. 4.>
  1. 100개 이상의 병상을 갖출 것
  2. 100병상 이상 300병상 이하인 경우에는 내과·외과·소아청소년과·산부인과 중 3개 진료과목, 영상의학과, 마취통증의학과와 진단검사의학과 또는 병리과를 포함한 7개 이상의 진료과목을 갖추고 각 진료과목마다 전속하는 전문의를 둘 것
  3. 300병상을 초과하는 경우에는 내과, 외과, 소아청소년과, 산부인과, 영상의학과, 마취통증의학과, 진단검사의학과 또는 병리과, 정신건강의학과 및 치과를 포함한 9개 이상의 진료과목을 갖추고 각 진료과목마다 전속하는 전문의를 둘 것
② 종합병원은 제1항제2호 또는 제3호에 따른 진료과목(이하 이 항에서 "필수진료과목"이라 한다) 외에 필요하면 추가로 진료과목을 설치·운영할 수 있다. 이 경우 필수진료과목 외의 진료과목에 대하여는 해당 의료기관에 전속하지 아니한 전문의를 둘 수 있다. [본조신설 2009. 1. 30.]

정답 ④

014 <보기>에서 「의료법」에 따른 의료인을 모두 고른 것은? [2020. 서울 7급]

> **보기**
> ㄱ. 약사　　　　　　ㄴ. 조산사
> ㄷ. 임상병리사　　　ㄹ. 치과의사
> ㅁ. 간호사　　　　　ㅂ. 치과기공사
> ㅅ. 영양사　　　　　ㅇ. 방사선사

① ㄱ, ㄴ, ㅂ　　　　② ㄴ, ㄹ, ㅁ
③ ㄷ, ㅁ, ㅇ　　　　④ ㄹ, ㅁ, ㅅ

해설

제2조(의료인) ① 이 법에서 "의료인"이란 보건복지부장관의 면허를 받은 의사·치과의사·한의사·조산사 및 간호사를 말한다. <개정 2008. 2. 29., 2010. 1. 18.>
② 의료인은 종별에 따라 다음 각 호의 임무를 수행하여 국민보건 향상을 이루고 국민의 건강한 생활 확보에 이바지할 사명을 가진다. <개정 2015. 12. 29., 2019. 4. 23.>
　1. 의사는 의료와 보건지도를 임무로 한다.
　2. 치과의사는 치과 의료와 구강 보건지도를 임무로 한다.
　3. 한의사는 한방 의료와 한방 보건지도를 임무로 한다.
　4. 조산사는 조산(助産)과 임산부 및 신생아에 대한 보건과 양호지도를 임무로 한다.
　5. 간호사는 다음 각 목의 업무를 임무로 한다.
　　가. 환자의 간호요구에 대한 관찰, 자료수집, 간호판단 및 요양을 위한 간호
　　나. 의사, 치과의사, 한의사의 지도하에 시행하는 진료의 보조
　　다. 간호 요구자에 대한 교육·상담 및 건강증진을 위한 활동의 기획과 수행, 그 밖의 대통령령으로 정하는 보건활동
　　라. 제80조에 따른 간호조무사가 수행하는 가목부터 다목까지의 업무보조에 대한 지도

정답 ②

015 의료기관이 보건의료서비스 제공 과정에서 의료의 질 향상을 위해 자발적·지속적으로 노력하도록 의료기관 인증 제도를 시행하고 있다. 우리나라 「의료법」상 의료기관 인증기준의 내용으로 가장 옳지 않은 것은?

[2019. 서울 7급]

① 의료인의 권리와 안전
② 의료기관의 의료서비스 질 향상 활동
③ 의료서비스의 제공과정 및 성과
④ 의료기관의 조직·인력관리 및 운영

제58조의3(의료기관 인증기준 및 방법 등) ① 의료기관 인증기준은 다음 각 호의 사항을 포함하여야 한다.
  1. 환자의 권리와 안전
  2. 의료기관의 의료서비스 질 향상 활동
  3. 의료서비스의 제공과정 및 성과
  4. 의료기관의 조직·인력관리 및 운영
  5. 환자 만족도
② 인증등급은 인증, 조건부인증 및 불인증으로 구분한다. <개정 2020. 3. 4.>
③ 인증의 유효기간은 4년으로 한다. 다만, 조건부인증의 경우에는 유효기간을 1년으로 한다. <개정 2020. 3. 4.>
④ 조건부인증을 받은 의료기관의 장은 유효기간 내에 보건복지부령으로 정하는 바에 따라 재인증을 받아야 한다. <개정 2020. 3. 4.>

정답 ①

016 진료기록부 등의 보존기간이 모두 옳은 것은? [2018, 서울]

① 처방전(2년), 진료기록부(5년), 조산기록부(5년)
② 환자명부(5년), 진단서(3년), 간호기록부(5년)
③ 수술기록부(5년), 처방전(3년), 방사선사진 및 소견서(5년)
④ 진단서(3년), 검사내용 및 검사소견기록(3년), 수술기록부(10년)

해설

제15조(진료기록부 등의 보존) ① 의료인이나 의료기관 개설자는 법 제22조제2항에 따른 진료기록부등을 다음 각 호에 정하는 기간 동안 보존하여야 한다. 다만, 계속적인 진료를 위하여 필요한 경우에는 1회에 한정하여 다음 각 호에 정하는 기간의 범위에서 그 기간을 연장하여 보존할 수 있다. <개정 2015. 5. 29., 2016. 10. 6., 2016. 12. 29.>
  1. 환자 명부 : 5년
  2. 진료기록부 : 10년
  3. 처방전 : 2년
  4. 수술기록 : 10년
  5. 검사내용 및 검사소견기록 : 5년
  6. 방사선 사진(영상물을 포함한다) 및 그 소견서 : 5년
  7. 간호기록부 : 5년
  8. 조산기록부 : 5년
  9. 진단서 등의 부본(진단서·사망진단서 및 시체검안서 등을 따로 구분하여 보존할 것) : 3년
② 제1항의 진료에 관한 기록은 마이크로필름이나 광디스크 등(이하 이 조에서 "필름"이라 한다)에 원본대로 수록하여 보존할 수 있다.
③ 제2항에 따른 방법으로 진료에 관한 기록을 보존하는 경우에는 필름촬영책임자가 필름의 표지에 촬영 일시와 본인의 성명을 적고, 서명 또는 날인하여야 한다.
[제목개정 2016. 10. 6.]

 ②

017 우리나라 의료기관 인증제도에 대한 설명으로 가장 옳지 않은 것은? [2018, 서울]

① 의료기관 인증제는 모든 의료기관을 대상으로 하고 있으며, 모든 의료기관은 3년마다 의무적으로 인증신청을 하여야 한다.
② 요양병원은 의무적으로 인증신청을 하도록 의료법에 명시되어 있다.
③ 상급종합병원으로 지정받고자 하는 병원급 의료기관은 인증을 받아야 한다.
④ 전문병원으로 지정받고자 하는 병원급 의료기관은 인증 받아야 한다.

해설

제58조의3(의료기관 인증기준 및 방법 등) ① 의료기관 인증기준은 다음 각 호의 사항을 포함하여야 한다.
1. 환자의 권리와 안전
2. 의료기관의 의료서비스 질 향상 활동
3. 의료서비스의 제공과정 및 성과
4. 의료기관의 조직·인력관리 및 운영
5. 환자 만족도

② 인증등급은 인증, 조건부인증 및 불인증으로 구분한다. <개정 2020. 3. 4.>
③ 인증의 유효기간은 4년으로 한다. 다만, 조건부인증의 경우에는 유효기간을 1년으로 한다. <개정 2020. 3. 4.>
④ 조건부인증을 받은 의료기관의 장은 유효기간 내에 보건복지부령으로 정하는 바에 따라 재인증을 받아야 한다. <개정 2020. 3. 4.>

제58조의4(의료기관 인증의 신청 및 평가) ① 의료기관 인증을 받고자 하는 의료기관의 장은 보건복지부령으로 정하는 바에 따라 보건복지부장관에게 신청할 수 있다.
② 제1항에도 불구하고 제3조제2항제3호에 따른 요양병원(「장애인복지법」제58조제1항제4호에 따른 의료재활시설로서 제3조의2에 따른 요건을 갖춘 의료기관은 제외한다)의 장은 보건복지부령으로 정하는 바에 따라 보건복지부장관에게 인증을 신청하여야 한다. <개정 2020. 3. 4.>
③ 제2항에 따라 인증을 신청하여야 하는 요양병원이 조건부인증 또는 불인증을 받거나 제58조의10제1항제4호 및 제5호에 따라 인증 또는 조건부인증이 취소된 경우 해당 요양병원의 장은 보건복지부령으로 정하는 기간 내에 다시 인증을 신청하여야 한다. <개정 2020. 3. 4.>
④ 보건복지부장관은 인증을 신청한 의료기관에 대하여 제58조의3제1항에 따른 인증기준 적합 여부를 평가하여야 한다. 이 경우 보건복지부장관은 보건복지부령으로 정하는 바에 따라 필요한 조사를 할 수 있고, 인증을 신청한 의료기관은 정당한 사유가 없으면 조사에 협조하여야 한다. <신설 2020. 3. 4.>
⑤ 보건복지부장관은 제4항에 따른 평가 결과와 인증등급을 지체 없이 해당 의료기관의 장에게 통보하여야 한다. <신설 2020. 3. 4.>
[본조신설 2010. 7. 23.][제목개정 2020. 3. 4.]
⑥ 제1항에 따른 인증기준의 세부 내용은 보건복지부장관이 정한다.

정답 ①

018 「지역보건법」의 지역보건의료계획에 대한 내용으로 옳은 것은? [2017. 서울시]

① 지역보건의료에 관련된 통계의 수립 및 정리
② 의료비 상승 억제 정책 연구
③ 지역보건의료계획을 5년마다 수립
④ 국민의료비 측정

해설

[「지역보건법」의 지역보건의료계획]

제7조(지역보건의료계획의 수립 등)
① 특별시장·광역시장·도지사(이하 "시·도지사"라 한다) 또는 특별자치시장·특별자치도지사·시장·군수·구청장(구청장은 자치구의 구청장을 말하며, 이하 "시장·군수·구청장"이라 한다)은 지역주민의 건강 증진을 위하여 다음 각 호의 사항이 포함된 지역보건의료계획을 **4년마다** 제3항 및 제4항에 따라 수립하여야 한다.
  1. 보건의료 수요의 측정
  2. 지역보건의료서비스에 관한 장기·단기 공급대책
  3. 인력·조직·재정 등 보건의료자원의 조달 및 관리
  4. 지역보건의료서비스의 제공을 위한 전달체계 구성 방안
  5. 지역보건의료에 관련된 통계의 수집 및 정리

정답 ①

019 지역보건법에 의거하여 국가와 서울시는 지역사회 건강실태조사를 실시하고 있다. 이에 대한 설명으로 가장 옳지 <u>않은</u> 것은? [2018. 서울]

① 지방자치단체의 장은 매년 보건소를 통해 조사를 실시한다.
② 조사 항목에는 건강검진, 예방접종 등 질병 예방에 관한 내용이 포함된다.
③ 일반적으로 표본조사이지만, 필요 시 전수조사를 실시할 수 있다.
④ 건강검진은 실측을 통해 통상 2년에 1회 실시하나, 사무직이 아닌 경우 1년에 1회 실시한다.

해설

④ 내용은 산업안전보건법 근거 근로자 건강검진에 해당하는 내용이다. 지역사회 건강실태조사는 보건복지부장관이 매년 지방자치단체의 장에게 협조를 요청하여 실시한다(지역보건법시행령 제2조(지역사회건강실태조사의 방법 및 내용) (1항). 협조요청을 받은 지방자치단체의 장은 매년 보건소를 통하여 지역 주민을 대상으로 지역사회 건강실태조사를 실시하여야 한다. 이 경우 지방자치단체의 장은 지역사회 건강실태조사의 결과를 보건복지부장관에게 통보하여야 한다(지역보건법시행령 제2조(지역사회 건강실태조사의 방법 및 내용) (2항).

정답 ④

020 지역보건법에 의거하여 국가와 서울시는 지역사회 건강실태 조사를 실시하고 있다. 이에 대한 설명으로 가장 옳지 않은 것은?
[2018, 서울시]

① 지방자치단체의 장은 매년 보건소를 통해 조사를 실시한다.
② 조사 항목에는 건강검진, 예방접종 등 질병 예방에 관한 내용이 포함된다.
③ 일반적으로 표본조사이지만, 필요시 전수조사를 실시할 수 있다.
④ 건강검진은 실측을 통해 통상 2년 1회 실시하나 사무직이 아닐 경우 1년에 1회 실시한다.

해설

④은 지역보건법이 아니라 산업안전보건법에 따른 내용이다.

제4조(지역사회 건강실태조사)
① 국가와 지방지치단체는 지역주민의 건강 상태 및 건강 문제의 원인 등을 파악하기 위하여 매년 지역사회 건강실태조사를 실시하여야 한다.
② 제1항에 따른 지역사회 건강실태조사의 방법, 내용 등에 관하여 필요한 사항은 대통령령으로 정한다.

산업안전보건법 제129조(일반건강진단)
① 사업주는 상시 사용하는 근로자의 건강관리를 위하여 건강진단(이하 "일반건강진단"이라 한다)을 실시하여야 한다. 다만, 사업주가 고용노동부령으로 정하는 건강진단을 실시한 경우에는 그 건강진단을 받은 근로자에 대하여 일반건강진단을 실시한 것으로 본다.
② 사업주는 제135조제1항에 따른 특수건강진단기관 또는 「건강검진기본법」 제3조제2호에 따른 건강검진기관(이하 "건강진단기관"이라 한다)에서 일반건강진단을 실시하여야 한다.

건강검진기본법 제3조(정의)
1. "건강검진"이란 건강상태 확인과 질병의 예방 및 조기발견을 목적으로 제2호에 따른 건강검진기관을 통하여 진찰 및 상담, 이학적 검사, 진단검사, 병리검사, 영상의학 검사 등 의학적 검진을 시행하는 것을 말한다.
2. "건강검진기관(이하 "검진기관"이라 한다)"이란 국가건강검진을 실시하기 위하여 제14조에 따라 지정을 받아 건강검진을 시행하는 기관을 말한다.
3. "국가건강검진"이란 제11조 및 제12조에 따라 국가와 지방자치단체가 시행하는 건강검진으로 다음 각 목과 같다.
  가. 「모자보건법」에 따른 영유아에 대한 건강검진
  나. 「영유아보육법」에 따른 영유아에 대한 건강검진
  다. 「학교보건법」에 따른 초·중·고등학교 학생의 건강검사
  라. 「청소년복지지원법」에 따른 청소년 건강진단
  마. 「국민건강보험법」에 따른 건강검진
  바. 「산업안전보건법」에 따른 일반건강진단
  사. 「의료급여법」에 따른 건강검진
  아. 「암관리법」에 따른 암검진
  자. 「노인복지법」에 따른 건강진단
  차. 그 밖에 보건복지부령으로 정하는 건강검진
4. "건강검진자료(이하 "검진자료"라 한다)"란 국가건강검진을 통하여 얻은 개인의 신상정보로서 문진·진찰·의사소견 및 각종 검사결과 등 건강검진에 관한 문서 또는 광·전자적 방식으로 처리한 부호·문자·음성 및 영상 등의 자료를 말한다.

 정답 ④

021 「지역보건법 시행령」에 의한 시·군·구 지역보건의료계획의 내용으로 옳은 것은? [2018. 서울 변형]

① 정신질환 등의 치료를 위한 전문치료시설의 수급에 관한 사항
② 시·군·구의 지역보건의료기관의 설치·운영의 지원에 관한 사항
③ 의료기관의 병상수급에 관한 사항
④ 지역보건의료기관과 민간의료기관 간의 기능분담 및 발전 방향

해설

[「지역보건법 시행령」에 의한 시·군·구 지역보건의료계획의 내용]
지역보건법 시행령 제4조(지역보건의료계획의 세부 내용)
① 특별시장·광역시장·도지사(이하 "시·도지사"라 한다) 및 특별자치시장·특별자치도지사는 법 제7조제1항에 따라 수립하는 지역보건의료계획(이하 "지역보건의료계획"이라 한다)에 다음 각 호의 내용을 포함시켜야 한다.
 1. 지역보건의료계획의 달성 목표
 2. 지역현황과 전망
 3. 지역보건의료기관과 보건의료 관련기관·단체 간의 기능 분담 및 발전 방향
 4. 법 제11조에 따른 보건소의 기능 및 업무의 추진계획과 추진현황
 5. 지역보건의료기관의 인력·시설 등 자원 확충 및 정비 계획
 6. 취약계층의 건강관리 및 지역주민의 건강 상태 격차 해소를 위한 추진계획
 7. 지역보건의료와 사회복지사업 사이의 연계성 확보 계획
 8. 의료기관의 병상(病床)의 수요·공급
 9. 정신질환 등의 치료를 위한 전문치료시설의 수요·공급
 10. 특별자치시·특별자치도·시·군·구(구는 자치구를 말하며, 이하 "시·군·구"라 한다) 지역보건의료기관의 설치·운영 지원
 11. 시·군·구 지역보건의료기관 인력의 교육훈련
 12. 지역보건의료기관과 보건의료 관련기관·단체 간의 협력·연계
 13. 그 밖에 시·도지사 및 특별자치시장·특별자치도지사가 지역보건의료계획을 수립함에 있어서 필요하다고 인정하는 사항
② 시장·군수·구청장(구청장은 자치구의 구청장을 말한다. 이하 같다)은 지역보건의료계획에 다음 각 호의 내용을 포함시켜야 한다.
 1. 제1항제1호부터 제7호까지의 내용
 2. 그 밖에 시장·군수·구청장이 지역보건의료계획을 수립함에 있어서 필요하다고 인정하는 사항

정답 ④

022 「지역보건법」에서 제시된 보건소의 기능 및 업무에 해당하지 <u>않는</u> 것은? [2021, 서울]

① 난임의 예방 및 관리
② 감염병의 예방 및 관리
③ 지역보건의료정책의 기획, 조사, 연구 및 평가
④ 보건의료 수요의 측정

해설

제11조(보건소의 기능 및 업무) ① 보건소는 해당 지방자치단체의 관할 구역에서 다음 각 호의 기능 및 업무를 수행한다. <개정 2016. 2. 3., 2019. 1. 15., 2019. 12. 3.>
　1. 건강 친화적인 지역사회 여건의 조성
　2. 지역보건의료정책의 기획, 조사·연구 및 평가
　3. 보건의료인 및 「보건의료기본법」 제3조제4호에 따른 보건의료기관 등에 대한 지도·관리·육성과 국민보건 향상을 위한 지도·관리
　4. 보건의료 관련기관·단체, 학교, 직장 등과의 협력체계 구축
　5. 지역주민의 건강증진 및 질병예방·관리를 위한 다음 각 목의 지역보건의료서비스의 제공
　　가. 국민건강증진·구강건강·영양관리사업 및 보건교육
　　나. 감염병의 예방 및 관리
　　다. 모성과 영유아의 건강유지·증진
　　라. 여성·노인·장애인 등 보건의료 취약계층의 건강유지·증진
　　마. 정신건강증진 및 생명존중에 관한 사항
　　바. 지역주민에 대한 진료, 건강검진 및 만성질환 등의 질병관리에 관한 사항
　　사. 가정 및 사회복지시설 등을 방문하여 행하는 보건의료 및 건강관리사업
　　아. 난임의 예방 및 관리
② 보건복지부장관이 지정하여 고시하는 의료취약지의 보건소는 제1항제5호아목 중 대통령령으로 정하는 업무를 수행할 수 있다. <신설 2019. 12. 3.>
③ 제1항 및 제2항에 따른 보건소 기능 및 업무 등에 관하여 필요한 세부 사항은 대통령령으로 정한다. <개정 2019. 12. 3.>

 ④

023 「농어촌 등 보건의료를 위한 특별조치법」 및 동법 시행규칙상 보건진료소에 대한 설명으로 가장 옳은 것은? [2020. 서울]

① 보건진료소 설치·운영은 시·도지사만이 할 수 있다.
② 보건진료 전담공무원은 24주 이상의 직무교육을 받은 사람이어야 한다.
③ 보건진료 전담공무원은 의사 면허를 가진 자만이 할 수 있다.
④ 보건진료소는 의료취약지역을 인구 100명 이상 3천명 미만을 기준으로 구분한 하나 또는 여러 개의 리·동을 관할구역으로 하여 주민이 편리하게 이용할 수 있는 장소에 설치한다.

해설

제17조(보건진료소의 설치) ① 법 제15조에 따른 보건진료소는 의료 취약지역을 인구 500명 이상(도서지역은 300명 이상) 5천명 미만을 기준으로 구분한 하나 또는 여러 개의 리·동을 관할구역으로 하여 주민이 편리하게 이용할 수 있는 장소에 설치한다. 다만, 군수(법 제15조제1항 본문에 따라 읍·면 지역에 보건진료소를 설치·운영하는 도농복합형태의 시의 시장 및 법 제15조제1항 단서에 따라 관할구역의 도서지역에 보건진료소를 설치·운영하는 시장·구청장을 포함한다. 이하 같다)는 인구 500명 미만(도서지역은 300명 미만)인 의료취약지역 중 보건진료소가 필요하다고 인정되는 지역이 있는 경우에는 보건복지부장관의 승인을 받아 그 지역에 보건진료소를 설치할 수 있다.
② 보건진료소의 시설 및 의료장비기준은 별표와 같다.
③ 군수는 보건진료소를 설치한 때에는 지체 없이 별지 제15호서식에 따라 관할 시·도지사를 거쳐 보건복지부장관에게 보고하여야 한다.
[전문개정 2013. 1. 23.]

정답 ②

024 우리나라의 의료급여제도에 관한 설명으로 옳지 않은 것은? [2017. 지방직]

① 보건지소는 1차 의료급여기관에 해당한다.
② 진료비 심사기관은 건강보험심사평가원이다.
③ 의료급여사업의 보장기관은 보건복지부이다.
④ 국민기초생활보장법에 의한 의료급여 수급권자는 1종과 2종으로 구분한다.

해설

[의료급여법 제5조 제1항]

제5조(보장기관)
① 이 법에 따른 의료급여에 관한 업무는 수급권자의 거주지를 관할하는 특별시장·광역시장·도지사와 시장·군수·구청장이 한다.
② 제1항에도 불구하고 주거가 일정하지 아니한 수급권자에 대한 의료급여 업무는 그가 실제 거주하는 지역을 관할하는 시장·군수·구청장이 한다.
③ 특별시장·광역시장·도지사 및 시장·군수·구청장은 수급권자의 건강 유지 및 증진을 위하여 필요한 사업을 실시하여야 한다.

정답 ③

025 다음 중 「국민건강보험법」에서 규정하는 보험급여 중 요양급여가 아닌 것은? [2017. 서울시(사복직)]

① 치료재료의 지급
② 장제비
③ 이송
④ 예방과 재활

해설

제41조(요양급여)
① 가입자와 피부양자의 질병, 부상, 출산 등에 대하여 다음 각 호의 요양급여를 실시한다.
　1. 진찰·검사
　2. 약제(藥劑)·치료재료의 지급
　3. 처치·수술 및 그 밖의 치료
　4. 예방·재활
　5. 입원
　6. 간호
　7. 이송(移送)
② 제1항에 따른 요양급여(이하 "요양급여"라 한다)의 범위(이하 "요양급여대상"이라 한다)는 다음 각 호와 같다. <신설 2016. 2. 3.>
　1. 제1항 각 호의 요양급여(제1항제2호의 약제는 제외한다): 제4항에 따라 보건복지부장관이 비급여대상으로 정한 것을 제외한 일체의 것
　2. 제1항제2호의 약제: 제41조의3에 따라 요양급여대상으로 보건복지부장관이 결정하여 고시한 것
③ 요양급여의 방법·절차·범위·상한 등의 기준은 보건복지부령으로 정한다. <개정 2016. 2. 3.>
④ 보건복지부장관은 제3항에 따라 요양급여의 기준을 정할 때 업무나 일상생활에 지장이 없는 질환에 대한 치료 등 보건복지부령으로 정하는 사항은 요양급여대상에서 제외되는 사항(이하 "비급여대상"이라 한다)으로 정할 수 있다. <개정 2016. 2. 3.>

정답 ②

026 다음 중 의료보호에 해당하는 것은?

① 국민연금
② 국민기초생활보장
③ 보건의료서비스
④ 의료급여

해설

국민연금은 사회보험, 국민기초생활보장은 소득보장으로서 공공부조, 그리고 의료급여는 의료보장으로서의 공공부조에 해당한다.

정답 ④

027 다음 중 의료급여법령 상 의료급여 1종 수급권자를 모두 고르면? [2012. 지방직]

> ㉠ 국민기초생활 보장법에 의한 수급자 중 근로가 곤란하다고 인정하여 보건복지부장관이 정하는 자만으로 구성된 세대의 구성원
> ㉡ 국민기초생활 보장법에 의한 수급자 중 보건복지부장관이 고시하는 희귀난치성질환을 가진 자가 속한 세대의 구성원
> ㉢ 의사상자 등 예우 및 지원에 관한 법률에 따른 의사자 유족

① ㉠㉡   ② ㉠㉢   ③ ㉡㉢   ④ ㉠㉡㉢

해설

의료급여법 시행령 제3조(수급권자의 구분)
① 수급권자는 법 제3조제3항에 따라 1종수급권자와 2종수급권자로 구분한다.
② 1종수급권자는 다음과 같다.
  1. 법 제3조제1항제1호에 따른 「국민기초생활 보장법」에 의한 수급자중 다음 각 목의 어느 하나에 해당하는 자
    가. 다음 각 항목의 어느 하나에 해당하는 자 또는 근로능력이 없거나 근로가 곤란하다고 인정하여 보건복지부장관이 정하는 자만으로 구성된 세대의 구성원
      (1) 18세 미만인 자
      (2) 65세 이상인 자
      (3) 「장애인고용촉진 및 직업재활법」 제2조제2호에 해당하는 중증장애인
      (4) 「국민기초생활 보장법 시행령」 제7조제1항제2호에 해당하는 자
      (5) 임신 중에 있거나 분만 후 6개월 미만의 여자
      (6) 「병역법」에 의한 병역의무를 이행중인 자
    나. 「국민기초생활 보장법」 제32조에 따른 보장시설에서 급여를 받고 있는 자
    다. 보건복지부장관이 정하여 고시하는 결핵질환, 희귀난치성질환 또는 중증질환을 가진 사람
  2. 법 제3조제1항제2호부터 제9호까지의 규정에 해당하는 자

제3조(수급권자)
1) 「국민기초생활 보장법」에 따른 의료급여 수급자
2) 「재해구호법」에 따른 이재민으로서 보건복지부장관이 의료급여가 필요하다고 인정한 사람
3) 「의사상자 등 예우 및 지원에 관한 법률」에 따라 의료급여를 받는 사람
4) 「입양특례법」에 따라 국내에 입양된 18세 미만의 아동
5) 「독립유공자예우에 관한 법률」, 「국가유공자 등 예우 및 지원에 관한 법률」 및 「보훈보상대상자 지원에 관한 법률」의 적용을 받고 있는 사람과 그 가족으로서 국가보훈처장이 의료급여가 필요하다고 추천한 사람 중에서 보건복지부장관이 의료급여가 필요하다고 인정한 사람
6) 「무형문화재 보전 및 진흥에 관한 법률」에 따라 지정된 국가무형문화재의 보유자(명예보유자를 포함한다)와 그 가족으로서 문화재청장이 의료급여가 필요하다고 추천한 사람 중에서 보건복지부장관이 의료급여가 필요하다고 인정한 사람
7) 「북한이탈주민의 보호 및 정착지원에 관한 법률」의 적용을 받고 있는 사람과 그 가족으로서 보건복지부장관이 의료급여가 필요하다고 인정한 사람
8) 「5·18민주화운동 관련자 보상 등에 관한 법률」 제8조에 따라 보상금등을 받은 사람과 그 가족으로서 보건복지부장관이 의료급여가 필요하다고 인정한 사람
9) 「노숙인 등의 복지 및 자립지원에 관한 법률」에 따른 노숙인 등으로서 보건복지부장관이 의료급여가 필요하다고 인정한 사람
10) 그 밖에 생활유지 능력이 없거나 생활이 어려운 사람으로서 대통령령으로 정하는 사람
  3. 제2조제1호에 해당하는 수급권자
  4. 제2조제2호에 해당하는 자로서 보건복지부장관이 1종의료급여가 필요하다고 인정하는 자

정답 ②

---

❷ ③ 제1항에 따른 수급권자에 대한 의료급여의 내용과 기준은 대통령령으로 정하는 바에 따라 구분하여 달리 정할 수 있다.

028 국민건강보험 요양급여의 기준에 관한 규칙 상 상급종합병원에서 1단계 요양급여를 제공받을 수 있는 경우는?

[2022. 지방직]

① 혈우병 환자가 요양급여를 받는 경우
② 해당 상급종합병원 직원의 직계존·비속이 요양급여를 받는 경우
③ 정신건강의학과에서 요양급여를 받는 경우
④ 산전 진찰을 목적으로 요양급여를 받는 경우

해설

제2조(요양급여의 절차) ① 요양급여는 1단계 요양급여와 2단계 요양급여로 구분하며, 가입자 또는 피부양자(이하 "가입자등"이라 한다)는 1단계 요양급여를 받은 후 2단계 요양급여를 받아야 한다.
② 제1항의 규정에 의한 1단계 요양급여는 「의료법」 제3조의4에 따른 상급종합병원(이하 "상급종합병원"이라 한다)을 제외한 요양기관에서 받는 요양급여(건강진단 또는 건강검진을 포함한다)를 말하며, 2단계 요양급여는 상급종합병원에서 받는 요양급여를 말한다. <개정 2005. 10. 11., 2010. 12. 23.>
③ 제1항 및 제2항의 규정에 불구하고 가입자등이 다음 각호의 1에 해당하는 경우에는 상급종합병원에서 1단계 요양급여를 받을 수 있다. <개정 2005. 10. 11., 2007. 12. 28., 2010. 12. 23.>
1. 「응급의료에 관한 법률」 제2조제1호에 해당하는 응급환자인 경우
2. 분만의 경우
3. 치과에서 요양급여를 받는 경우
4. 「장애인복지법」 제32조에 따른 등록 장애인 또는 단순 물리치료가 아닌 작업치료·운동치료 등의 재활치료가 필요하다고 인정되는 자가 재활의학과에서 요양급여를 받는 경우
5. 가정의학과에서 요양급여를 받는 경우
6. 당해 요양기관에서 근무하는 가입자가 요양급여를 받는 경우
7. 혈우병환자가 요양급여를 받는 경우

 정답 ①

029 「국민건강보험법」에서 규정하고 있는 요양급여에 해당하지 않는 것은?
[2022, 서울]

① 이송
② 예방·재활
③ 진찰·검사
④ 간병·간호

해설

제41조(요양급여) ① 가입자와 피부양자의 질병, 부상, 출산 등에 대하여 다음 각 호의 요양급여를 실시한다.
1. 진찰·검사
2. 약제(藥劑)·치료재료의 지급
3. 처치·수술 및 그 밖의 치료
4. 예방·재활
5. 입원
6. 간호
7. 이송(移送)
② 제1항에 따른 요양급여(이하 "요양급여"라 한다)의 범위(이하 "요양급여대상"이라 한다)는 다음 각 호와 같다. <신설 2016. 2. 3.>
   1. 제1항 각 호의 요양급여(제1항제2호의 약제는 제외한다): 제4항에 따라 보건복지부장관이 비급여대상으로 정한 것을 제외한 일체의 것
   2. 제1항제2호의 약제: 제41조의3에 따라 요양급여대상으로 보건복지부장관이 결정하여 고시한 것
③ 요양급여의 방법·절차·범위·상한 등의 기준은 보건복지부령으로 정한다. <개정 2016. 2. 3.>
④ 보건복지부장관은 제3항에 따라 요양급여의 기준을 정할 때 업무나 일상생활에 지장이 없는 질환에 대한 치료 등 보건복지부령으로 정하는 사항은 요양급여대상에서 제외되는 사항(이하 "비급여대상"이라 한다)으로 정할 수 있다. <개정 2016. 2. 3.>

정답 ④

030 「국민건강보험법」상 우리나라의 건강보험에 대한 설명으로 가장 옳지 않은 것은?
[2021, 서울]

① 본인부담액의 연간 총액이 개인별 상한액을 넘는 경우 건강보험심사평가원에서 초과액을 환급하며, 이를 '본인부담금환급금제도'라고 한다.
② 공단은 임신·출산 진료비 등 부가급여를 실시할 수 있으며, 해당 비용을 결제할 수 있는 이용권을 발급할 수 있다.
③ 경제성 또는 치료효과성이 불확실하여 추가적인 근거가 필요하거나 경제성이 낮아도 가입자와 피부양자의 건강회복에 잠재적 이득이 있는 경우, 선별급여로 지정하여 실시할 수 있다.
④ 「의료법」 제35조에 따라 개설된 부속의료기관은 요양기관에서 제외할 수 있다.

해설

본인부담금환급금제도는 병원이나 약국이 이중납부, 착오 등으로 더 받은 건강보험료 본인부담금을 건강보험 공단이 요양기관에 지급할 진료비용에서 공제하거나 징수하여 진료를 받은 분에게 돌려드리는 제도이다.

정답 ①

031 건강보험료 부과징수 및 요양급여 비용 지급 등의 업무를 담당하고 있는 공공기관은? [2020. 서울 7급]

① 보건복지부
② 국민건강보험공단
③ 건강보험심사평가원
④ 한국보건산업진흥원

해설

국민건강보험공단의 업무이다.
제14조(업무 등) ① 공단은 다음 각 호의 업무를 관장한다. <개정 2017. 2. 8.>
1. 가입자 및 피부양자의 자격 관리
2. 보험료와 그 밖에 이 법에 따른 징수금의 부과·징수
3. 보험급여의 관리
4. 가입자 및 피부양자의 질병의 조기발견·예방 및 건강관리를 위하여 요양급여 실시 현황과 건강검진 결과 등을 활용하여 실시하는 예방사업으로서 대통령령으로 정하는 사업
5. 보험급여 비용의 지급
6. 자산의 관리·운영 및 증식사업
7. 의료시설의 운영
8. 건강보험에 관한 교육훈련 및 홍보
9. 건강보험에 관한 조사연구 및 국제협력
10. 이 법에서 공단의 업무로 정하고 있는 사항
11. 「국민연금법」, 「고용보험 및 산업재해보상보험의 보험료징수 등에 관한 법률」, 「임금채권보장법」 및 「석면피해구제법」(이하 "징수위탁근거법"이라 한다)에 따라 위탁받은 업무
12. 그 밖에 이 법 또는 다른 법령에 따라 위탁받은 업무
13. 그 밖에 건강보험과 관련하여 보건복지부장관이 필요하다고 인정한 업무
② 제1항제6호에 따른 자산의 관리·운영 및 증식사업은 안정성과 수익성을 고려하여 다음 각 호의 방법에 따라야 한다.
1. 체신관서 또는 「은행법」에 따른 은행에의 예입 또는 신탁
2. 국가·지방자치단체 또는 「은행법」에 따른 은행이 직접 발행하거나 채무이행을 보증하는 유가증권의 매입
3. 특별법에 따라 설립된 법인이 발행하는 유가증권의 매입
4. 「자본시장과 금융투자업에 관한 법률」에 따른 신탁업자가 발행하거나 같은 법에 따른 집합투자업자가 발행하는 수익증권의 매입
5. 공단의 업무에 사용되는 부동산의 취득 및 일부 임대
6. 그 밖에 공단 자산의 증식을 위하여 대통령령으로 정하는 사업
③ 공단은 특정인을 위하여 업무를 제공하거나 공단 시설을 이용하게 할 경우 공단의 정관으로 정하는 바에 따라 그 업무의 제공 또는 시설의 이용에 대한 수수료와 사용료를 징수할 수 있다.
④ 공단은 「공공기관의 정보공개에 관한 법률」에 따라 건강보험과 관련하여 보유·관리하고 있는 정보를 공개한다.

정답 ②

032 상급종합병원에서 1단계 요양급여를 받을 수 있는, 건강보험 요양급여절차의 예외사항이 아닌 것은?

[2020. 서울 7급]

① 「응급의료에 관한 법률」에 해당하는 응급환자인 경우
② 당해 요양기관에서 근무하는 가입자와 피부양자가 요양급여를 받는 경우
③ 가정의학과에서 요양급여를 받는 경우
④ 치과에서 요양급여를 받는 경우

해설

제2조(요양급여의 절차) ① 요양급여는 1단계 요양급여와 2단계 요양급여로 구분하며, 가입자 또는 피부양자(이하 "가입자등"이라 한다)는 1단계 요양급여를 받은 후 2단계 요양급여를 받아야 한다.
② 제1항의 규정에 의한 1단계 요양급여는 「의료법」제3조의4에 따른 상급종합병원(이하 "상급종합병원"이라 한다)을 제외한 요양기관에서 받는 요양급여(건강진단 또는 건강검진을 포함한다)를 말하며, 2단계 요양급여는 상급종합병원에서 받는 요양급여를 말한다. <개정 2005. 10. 11., 2010. 12. 23.>
③ 제1항 및 제2항의 규정에 불구하고 가입자등이 다음 각호의 1에 해당하는 경우에는 상급종합병원에서 1단계 요양급여를 받을 수 있다. <개정 2005. 10. 11., 2007. 12. 28., 2010. 12. 23.>
1. 「응급의료에 관한 법률」 제2조제1호에 해당하는 응급환자인 경우
2. 분만의 경우
3. 치과에서 요양급여를 받는 경우
4. 「장애인복지법」 제32조에 따른 등록 장애인 또는 단순 물리치료가 아닌 작업치료·운동치료 등의 재활치료가 필요하다고 인정되는 자가 재활의학과에서 요양급여를 받는 경우
5. 가정의학과에서 요양급여를 받는 경우
6. 당해 요양기관에서 근무하는 가입자가 요양급여를 받는 경우
7. 혈우병환자가 요양급여를 받는 경우

 정답 ②

033 「국민건강보험법」상 보험 가입자가 자격을 상실하는 시기로 가장 옳지 않은 것은? [2020, 서울 7급]

① 국적을 잃은 날
② 사망한 날의 다음 날
③ 직장가입자의 피부양자가 된 날
④ 국내에 거주하지 아니하게 된 날의 다음 날

해설

제10조(자격의 상실 시기 등) ① 가입자는 다음 각 호의 어느 하나에 해당하게 된 날에 그 자격을 잃는다.
1. 사망한 날의 다음 날
2. 국적을 잃은 날의 다음 날
3. 국내에 거주하지 아니하게 된 날의 다음 날
4. 직장가입자의 피부양자가 된 날
5. 수급권자가 된 날
6. 건강보험을 적용받고 있던 사람이 유공자등 의료보호대상자가 되어 건강보험의 적용배제신청을 한 날
② 제1항에 따라 자격을 잃은 경우 직장가입자의 사용자와 지역가입자의 세대주는 그 명세를 보건복지부령으로 정하는 바에 따라 자격을 잃은 날부터 14일 이내에 보험자에게 신고하여야 한다.

정답 ①

034 요양급여와 관련하여 비용을 심사하고 급여의 적정성을 평가하는 기관으로 가장 옳은 것은? [2018, 서울]

① 보건복지부
② 국민건강보험공단
③ 건강보험심사평가원
④ 보건소

해설

건강보험심사평가원의 역할이다. 의료공급자가 진료비를 청구하면 국민건강보험법 등에서 정한 기준에 의해 진료비와 진료 내역이 올바르게 청구되었는지, 의·약학적으로 타당하고 비용효과적으로 이루어졌는지 확인하는 업무를 한다.

정답 ③

035 「감염병의 예방 및 관리에 관한 법률」에서 규정하는 '감염병 위기관리대책'에 해당하지 않는 것은?

[2017. 서울시(사복직)]

① 재난 및 위기상황의 판단, 위기경보 결정 및 관리체계
② 의료용품의 비축방안 및 조달방안
③ 예방접종
④ 해외신종감염병 유입에 대한 대응체계 및 기관별 역할

해설

제34조(감염병 위기관리대책의 수립·시행)
① 보건복지부장관 및 질병관리청장은 감염병의 확산 또는 해외 신종감염병의 국내 유입으로 인한 재난상황에 대처하기 위하여 위원회의 심의를 거쳐 감염병 위기관리대책(이하 "감염병 위기관리대책"이라 한다)을 수립·시행하여야 한다. <개정 2010. 1. 18., 2015. 7. 6., 2020. 8. 11.>
② 감염병 위기관리대책에는 다음 각 호의 사항이 포함되어야 한다. <개정 2010. 1. 18., 2015. 7. 6., 2020. 8. 11., 2020. 9. 29., 2020. 12. 15., 2021. 3. 9.>
  1. 재난상황 발생 및 해외 신종감염병 유입에 대한 대응체계 및 기관별 역할
  2. 재난 및 위기상황의 판단, 위기경보 결정 및 관리체계
  3. 감염병위기 시 동원하여야 할 의료인 등 전문인력, 시설, 의료기관의 명부 작성
  4. 의료·방역 물품의 비축방안 및 조달방안
  5. 재난 및 위기상황별 국민행동요령, 동원 대상 인력, 시설, 기관에 대한 교육 및 도상연습 등 실제 상황대비 훈련
  5의2. 감염취약계층에 대한 유형별 보호조치 방안 및 사회복지시설의 유형별·전파상황별 대응방안
  6. 그 밖에 재난상황 및 위기상황 극복을 위하여 필요하다고 보건복지부장관 및 질병관리청장이 인정하는 사항
③ 보건복지부장관 및 질병관리청장은 감염병 위기관리대책에 따른 정기적인 훈련을 실시하여야 한다. <신설 2015. 7. 6., 2020. 8. 11.>
④ 감염병 위기관리대책의 수립 및 시행 등에 필요한 사항은 대통령령으로 정한다. <개정 2015. 7. 6.>

정답 ③

036 예방접종을 통하여 예방 및 관리가 가능하여 국가예방접종 사업의 대상이 되는 감염병으로 바르게 연결된 것은?

[2015. 지방직 변형]

① 파상풍, 장출혈성대장균감염증
② 레지오넬라증, 유행성이하선염
③ 폴리오, b형헤모필루스인플루엔자
④ 일본뇌염, 페스트

해설

제24조(필수예방접종)
① 특별자치도지사 또는 시장·군수·구청장은 다음 각 호의 질병에 대하여 관할 보건소를 통하여 필수예방접종(이하 "필수예방접종"이라 한다)을 실시하여야 한다. <개정 2010. 1. 18., 2013. 3. 22., 2014. 3. 18., 2016. 12. 2., 2018. 3. 27., 2020. 8. 11.>
 1. 디프테리아
 2. 폴리오
 3. 백일해
 4. 홍역
 5. 파상풍
 6. 결핵
 7. B형간염
 8. 유행성이하선염
 9. 풍진
 10. 수두
 11. 일본뇌염
 12. b형헤모필루스인플루엔자
 13. 폐렴구균
 14. 인플루엔자
 15. A형간염
 16. 사람유두종바이러스 감염증
 17. 그룹 A형 로타바이러스 감염증
 18. 그 밖에 질병관리청장이 감염병의 예방을 위하여 필요하다고 인정하여 지정하는 감염병
② 특별자치도지사 또는 시장·군수·구청장은 제1항에 따른 필수예방접종업무를 대통령령으로 정하는 바에 따라 관할구역 안에 있는 「의료법」에 따른 의료기관에 위탁할 수 있다. <개정 2018. 3. 27.>
③ 특별자치도지사 또는 시장·군수·구청장은 필수예방접종 대상 아동 부모에게 보건복지부령으로 정하는 바에 따라 필수예방접종을 사전에 알려야 한다. 이 경우 「개인정보 보호법」 제24조에 따른 고유식별정보를 처리할 수 있다. <신설 2012. 5. 23., 2018. 3. 27.>
[제목개정 2018. 3. 27.]

정답 ③

037 다음 중 「감염병의 예방 및 관리에 관한 법률」 및 관계법령에서 역학조사반에 대한 설명으로 옳지 않은 것은?

[2016. 서울시]

① 중앙역학조사반은 30명 이내, 시·도 역학조사반은 20명 이내로 구성한다.
② 보건복지부 소속 방역관은 감염병 관련 분야의 경험이 풍부한 4급 이상 공무원 중에서 임명한다.
③ 시·군·구 소속 방역관은 감염병 관련 경험이 풍부한 5급 이상 공무원 중에서 임명한다.
④ 방역관은 감염병의 유입 또는 유행이 예견되어 긴급한 대처가 필요한 경우 통행을 제한할 수 있다.

[「감염병의 예방 및 관리에 관한 법률」 및 관계법령에서 역학조사반에 대한 설명]

제18조(역학조사)
① 질병관리본부장, 시·도지사 또는 시장·군수·구청장은 감염병이 발생하여 유행할 우려가 있다고 인정하면 지체 없이 역학조사를 하여야 하고, 그 결과에 관한 정보를 필요한 범위에서 해당 의료기관에 제공하여야 한다. 다만, 지역확산 방지 등을 위하여 필요한 경우 다른 의료기관에 제공하여야 한다. <개정 2015. 7. 6.>
② 질병관리본부장, 시·도지사 또는 시장·군수·구청장은 역학조사를 하기 위하여 역학조사반을 각각 설치하여야 한다.
③ 누구든지 질병관리본부장, 시·도지사 또는 시장·군수·구청장이 실시하는 역학조사에서 다음 각 호의 행위를 하여서는 아니 된다. <개정 2015. 7. 6.>
 1. 정당한 사유 없이 역학조사를 거부·방해 또는 회피하는 행위
 2. 거짓으로 진술하거나 거짓 자료를 제출하는 행위
 3. 고의적으로 사실을 누락·은폐하는 행위
④ 제1항에 따른 역학조사의 내용과 시기·방법 및 제2항에 따른 역학조사반의 구성·임무 등에 관하여 필요한 사항은 대통령령으로 정한다.

감염병예방법 시행령 제15조(역학조사반의 구성)
① 법 제18조제1항 및 제29조에 따른 역학조사를 하기 위하여 질병관리본부에 중앙역학조사반을 두고, 시·도에 시·도역학조사반을 두며, 시·군·구(자치구를 말한다. 이하 같다)에 시·군·구역학조사반을 둔다.
② 중앙역학조사반은 30명 이상, 시·도역학조사반 및 시·군·구역학조사반은 각각 20명 이내의 반원으로 구성하고, 각 역학조사반의 반장은 법 제60조에 따른 방역관 또는 법 제60조의2에 따른 역학조사관으로 한다. <개정 2016. 1. 6.>
③ 역학조사반원은 다음 각 호의 어느 하나에 해당하는 사람 중에서 질병관리본부장, 시·도지사 및 시장·군수·구청장이 각각 임명하거나 위촉한다. <개정 2016. 1. 6.>
 1. 방역, 역학조사 또는 예방접종 업무를 담당하는 공무원
 2. 법 제60조의2에 따른 역학조사관
 3. 「농어촌 등 보건의료를 위한 특별조치법」에 따라 채용된 공중보건의사
 4. 「의료법」 제2조제1항에 따른 의료인
 5. 그 밖에 감염병 등과 관련된 분야의 전문가

 정답 ①

038 중동 호흡기 증후군(MERS)이 유행하는 지역을 여행한 갑(甲)이 귀국하였다. 현재 증상은 없으나 검역법령에 따라 갑(甲)의 거주지역 지방자치단체장에게 이 사람의 건강상태를 감시하도록 요청할 때 최대 감시기간은?

[2022, 서울]

① 5일
② 6일
③ 10일
④ 14일

해설

제14조의3(검역감염병의 최대 잠복기간) 법 제17조제3항에 따른 검역감염병의 최대 잠복기간은 다음 각 호의 구분에 따른다.
1. 콜레라: 5일
2. 페스트: 6일
3. 황열: 6일
4. 중증 급성호흡기 증후군(SARS): 10일
5. 동물인플루엔자 인체감염증: 10일
6. 중동 호흡기 증후군(MERS): 14일
7. 에볼라바이러스병: 21일
8. 법 제2조제1호바목 및 자목에 해당하는 검역감염병: 법 제4조의2제1항에 따른 검역전문위원회에서 정하는 최대 잠복기간

정답 ④

039 「감염병의 예방 및 관리에 관한 법률」상 감염병위기 시 감염병관리기관의 설치 권한이 없는 자는?

[2021, 서울 7급]

① 보건복지부장관
② 질병관리청장
③ 구청장
④ 보건소장

해설

제37조(감염병위기 시 감염병관리기관의 설치 등) ① 보건복지부장관, 질병관리청장, 시·도지사 또는 시장·군수·구청장은 감염병환자가 대량으로 발생하거나 제36조에 따라 지정된 감염병관리기관만으로 감염병환자등을 모두 수용하기 어려운 경우에는 다음 각 호의 조치를 취할 수 있다.

정답 ④

040 제1급감염병부터 제4급감염병까지 순서대로 바르게 나열한 것은? [2020. 서울 7급]

① 페스트 - 폴리오 - 렙토스피라증 - 클라미디아감염증
② 브루셀라증 - 매독 - 두창 - 야토병
③ 콜레라 - 디프테리아 - 한센병 - 요충증
④ 결핵 - 수두 - 일본뇌염 - 말라리아

해설

페스트(제1급) - 폴리오(제2급) - 렙토스피라증(제3급) - 클라미디아감염증(제4급) 감염병이다. 브루셀라증(3급), 매독(4급), 두창(1급), 야토병(1급), 콜레라(2급), 디프테리아(1급), 한센병(2급), 요충증(4급), 결핵(2급), 수두(2급), 일본뇌염(3급), 말라리아(3급)으로 분류된다.

정답 ①

041 소속 의사에게 감염병을 보고받은 의료기관의 장이 즉시 관할보건소장에게 신고하여야 하는 법정 감염병으로 옳은 것은? [2018. 서울]

① 세균성이질
② 수두
③ 폐흡충증
④ 두창

해설

즉시 신고해야 하는 법정감염병은 제1급 감염병으로 생물테러감염병 또는 치명률이 높거나 집단 발생의 우려가 커서 발생 또는 유행 즉시 신고하여야 하고, 음압격리와 같은 높은 수준의 격리가 필요한 감염병으로서 다음 각 목의 감염병을 말한다. 다만, 갑작스러운 국내 유입 또는 유행이 예견되어 긴급한 예방·관리가 필요하여 질병관리청장이 보건복지부장관과 협의하여 지정하는 감염병을 포함한다.

정답 ④

042 「국민건강증진법 시행령」 제17조에 명시된 보건교육의 내용에 포함되지 않는 것은? [2015, 서울 변형]

① 공중위생에 관한 사항
② 만성퇴행성질환 등 질병의 예방에 관한 사항
③ 영양 및 식생활에 관한 사항
④ 호흡기 질환의 예방에 관한 사항

해설

[「국민건강증진법 시행령」 제17조]

제17조(보건교육의 내용)
법 제12조❶에 따른 보건교육에는 다음 각 호의 사항이 포함되어야 한다.
1. 금연·절주등 건강생활의 실천에 관한 사항
2. 만성퇴행성질환등 질병의 예방에 관한 사항
3. 영양 및 식생활에 관한 사항
4. 구강건강에 관한 사항
5. 공중위생에 관한 사항
6. 건강증진을 위한 체육활동에 관한 사항
7. 그 밖에 건강증진사업에 관한 사항

정답 ④

❶ 국민건강증진법 제12조(보건교육의 실시 등)
① 국가 및 지방자치단체는 모든 국민이 올바른 보건의료의 이용과 건강한 생활습관을 실천할 수 있도록 그 대상이 되는 개인 또는 집단의 특성·건강상태·건강의식 수준등에 따라 적절한 보건교육을 실시한다. 〈개정 2016. 3. 2.〉
② 국가 또는 지방자치단체는 국민건강증진사업관련 법인 또는 단체등이 보건교육을 실시할 경우 이에 필요한 지원을 할 수 있다. 〈개정 1999. 2. 8.〉
③ 보건복지부장관, 시·도지사 및 시장·군수·구청장은 제2항의 규정에 의하여 보건교육을 실시하는 국민건강증진사업관련 법인 또는 단체 등에 대하여 보건교육의 계획 및 그 결과에 관한 자료를 요청할 수 있다.
④ 제1항의 규정에 의한 보건교육의 내용은 대통령령으로 정한다.

043 「국민건강증진법」에서 규정하는 금연을 위한 조치사항에 해당하지 않는 것은? [2015. 서울시]

① 지정된 금연구역에서는 누구든지 흡연을 하면 안된다.
② 담배판매자는 담배자동판매기에 성인인증장치를 부착하여야 한다.
③ 지방자치단체는 관할 구역안의 일정장소를 금연구역으로 지정할 수 있다.
④ 공중이 이용하는 시설 전체가 금연구역으로 지정되면 흡연실을 설치할 수 없다.

[「국민건강증진법」에서 규정하는 금연]

제9조(금연을 위한 조치)
① 담배사업법에 의한 지정소매인 기타 담배를 판매하는 자는 대통령령이 정하는 장소외에서 담배자동판매기를 설치하여 담배를 판매하여서는 아니된다.
② 위의 규정에 따라 대통령령이 정하는 장소에 담배자동판매기를 설치하여 담배를 판매하는 자는 보건복지부령이 정하는 바에 따라 성인인증장치를 부착하여야 한다.
③ 다음 각 호의 공중이 이용하는 시설의 소유자·점유자 또는 관리자는 해당 시설의 전체를 금연구역으로 지정하고 금연구역을 알리는 표지를 설치하여야 한다. 이 경우 흡연자를 위한 흡연실을 설치할 수 있으며, 금연구역을 알리는 표지와 흡연실을 설치하는 기준·방법 등은 보건복지부령으로 정한다.
  1. 국회의 청사
  2. 정부 및 지방자치단체의 청사
  3. 「법원조직법」에 따른 법원과 그 소속 기관의 청사
  4. 「공공기관의 운영에 관한 법률」에 따른 공공기관의 청사
  5. 「지방공기업법」에 따른 지방공기업의 청사
  6. 「유아교육법」·「초·중등교육법」에 따른 학교[교사(校舍)와 운동장 등 모든 구역을 포함한다]
  7. 「고등교육법」에 따른 학교의 교사
  8. 「의료법」에 따른 의료기관, 「지역보건법」에 따른 보건소·보건의료원·보건지소
  9. 「영유아보육법」에 따른 어린이집
  10. 「청소년활동 진흥법」에 따른 청소년수련관, 청소년수련원, 청소년문화의집, 청소년특화시설, 청소년야영장, 유스호스텔, 청소년이용시설 등 청소년활동시설
  11. 「도서관법」에 따른 도서관
  12. 「어린이놀이시설 안전관리법」에 따른 어린이놀이시설
  13. 「학원의 설립·운영 및 과외교습에 관한 법률」에 따른 학원 중 학교교과교습학원과 연면적 1천제곱미터 이상의 학원
  14. 공항·여객부두·철도역·여객자동차터미널 등 교통 관련 시설의 대합실·승강장, 지하보도 및 16인승 이상의 교통수단으로서 여객 또는 화물을 유상으로 운송하는 것
  15. 「자동차관리법」에 따른 어린이운송용 승합자동차
  16. 연면적 1천제곱미터 이상의 사무용건축물, 공장 및 복합용도의 건축물
  17. 「공연법」에 따른 공연장으로서 객석 수 300석 이상의 공연장
  18. 「유통산업발전법」에 따라 개설등록된 대규모점포와 같은 법에 따른 상점가 중 지하도에 있는 상점가
  19. 「관광진흥법」에 따른 관광숙박업소
  20. 「체육시설의 설치·이용에 관한 법률」에 따른 체육시설로서 1천명 이상의 관객을 수용할 수 있는 체육시설과 같은 법 제10조에 따른 체육시설업에 해당하는 체육시설로서 실내에 설치된 체육시설
  21. 「사회복지사업법」에 따른 사회복지시설
  22. 「공중위생관리법」에 따른 목욕장
  23. 「게임산업진흥에 관한 법률」에 따른 청소년게임제공업소, 일반게임제공업소, 인터넷컴퓨터게임시설제공업소 및 복합유통게임제공업소
  24. 「식품위생법」에 따른 식품접객업 중 영업장의 넓이가 보건복지부령으로 정하는 넓이 이상인 휴게음식점영업소, 일반음식점영업소 및 제과점영업소와 같은 법에 따른 식품소분·판매업 중 보건복지부령으로 정하는 넓이 이상인 실내 휴게공간을 마련하여 운영하는 식품자동판매기 영업소

25. 「청소년보호법」에 따른 만화대여업소
26. 그 밖에 보건복지부령으로 정하는 시설 또는 기관

④ 특별자치시장·특별자치도지사·시장·군수·구청장은 「주택법」 제2조제3호에 따른 공동주택의 거주 세대 중 2분의 1 이상이 그 공동주택의 복도, 계단, 엘리베이터 및 지하주차장의 전부 또는 일부를 금연구역으로 지정하여 줄 것을 신청하면 그 구역을 금연구역으로 지정하고, 금연구역임을 알리는 안내표지를 설치하여야 한다. 이 경우 금연구역 지정 절차 및 금연구역 안내표지 설치 방법 등은 보건복지부령으로 정한다. <신설 2016. 3. 2., 2017. 12. 30.>

⑤ 특별자치시장·특별자치도지사·시장·군수·구청장은 흡연으로 인한 피해 방지와 주민의 건강 증진을 위하여 다음 각 호에 해당하는 장소를 금연구역으로 지정하고, 금연구역임을 알리는 안내표지를 설치하여야 한다. 이 경우 금연구역 안내표지 설치 방법 등에 필요한 사항은 보건복지부령으로 정한다. <신설 2017. 12. 30.>
1. 「유아교육법」에 따른 유치원 시설의 경계선으로부터 10미터 이내의 구역(일반 공중의 통행·이용 등에 제공된 구역을 말한다)
2. 「영유아보육법」에 따른 어린이집 시설의 경계선으로부터 10미터 이내의 구역(일반 공중의 통행·이용 등에 제공된 구역을 말한다)

⑥ 지방자치단체는 흡연으로 인한 피해 방지와 주민의 건강 증진을 위하여 필요하다고 인정하는 경우 조례로 다수인이 모이거나 오고가는 관할 구역 안의 일정한 장소를 금연구역으로 지정할 수 있다. <신설 2010. 5. 27., 2016. 3. 2., 2017. 12. 30.>

⑦ 누구든지 제4항부터 제7항까지의 규정에 따라 지정된 금연구역에서 흡연하여서는 아니 된다. <개정 2010. 5. 27., 2016. 3. 2., 2017. 12. 30.>

정답 ④

044 해외 감염병의 국내 유입을 방지하기 위한 조치는?

① 검역조치   ② 격리조치
③ 입원조치   ④ 방역조치

해설

검역법의 목적은 우리나라로 들어오거나 외국으로 나가는 사람, 운송수단 및 화물을 검역(檢疫)하는 절차와 감염병을 예방하기 위한 조치에 관한 사항을 규정하여 국내외로 감염병이 번지는 것을 방지함으로써 국민의 건강을 유지·보호하는 것을 목적으로 한다. <개정 2020. 3. 4.>

정답 ①

045 보건의료인에 대한 설명 중 가장 옳지 않은 것은? [2018, 서울]

① 응급구조사가 되려는 사람은 보건복지부장관의 면허를 받아야 한다.
② 치과기공사가 되려는 사람은 보건복지부장관의 면허를 받아야 한다.
③ 보건교육사가 되려는 사람은 보건복지부장관의 자격증을 교부받아야 한다.
④ 간호조무사가 되려는 사람은 보건복지부장관의 자격인정을 받아야 한다.

해설
응급구조사는 보건의료인력으로서 「응급의료에 관한 법률」에 의거하여 보건복지부장관이 실시하는 시험에 합격한 후 보건복지부장관의 자격인정을 받아야 한다.

정답 ①

046 「의료법」에 규정된 의료기관에 관한 내용으로 옳은 것은? [2017, 서울]

① 의원급 의료기관은 주로 입원환자를 대상으로 한다.
② 조산원은 조산사가 조산과 임부·해산부·산욕부 및 신생아를 대상으로 보건활동과 교육·상담을 하는 곳이다.
③ 상급종합병원은 보건복지부령으로 정하는 10개 이상의 진료과목을 갖추면 된다.
④ 의원급 의료기관은 의사 및 치과의사만이 개설할 수 있다.

해설
① 의원급 의료기관: 의사, 치과의사 또는 한의사가 주로 외래환자를 대상으로 각각 그 의료행위를 하는 의료기관으로서 그 종류는 다음 각 목과 같다.

　가. 의원　나. 치과의원　다. 한의원

③ 상급종합병원: 보건복지부장관은 다음 각 호의 요건을 갖춘 종합병원 중에서 중증질환에 대하여 난이도가 높은 의료행위를 전문적으로 하는 종합병원을 상급종합병원으로 지정할 수 있다.

　1. 보건복지부령으로 정하는 20개 이상의 진료과목을 갖추고 각 진료과목마다 전속하는 전문의를 둘 것
　2. 제77조제1항에 따라 전문의가 되려는 자를 수련시키는 기관일 것
　3. 보건복지부령으로 정하는 인력·시설·장비 등을 갖출 것
　4. 질병군별(疾病群別) 환자구성 비율이 보건복지부령으로 정하는 기준에 해당할 것

④ 의원급 의료기관: 의사, 치과의사 또는 한의사가 개설할 수 있다.

정답 ②

047 「의료법 시행규칙」상 요양이 필요한 자로서 원칙적으로 요양병원 입원 대상이 <u>아닌</u> 자는? [2017, 서울]

① 감염병환자
② 만성질환자
③ 외과적 수술 후 또는 상해 후 회복기간에 있는 자
④ 노인성 질환자

해설

의료법 시행규칙 제36조(요양병원의 운영) ① 법 제36조제3호에 따른 요양병원의 입원 대상은 다음 각 호의 어느 하나에 해당하는 자로서 주로 요양이 필요한 자로 한다.
1. 노인성 질환자
2. 만성질환자
3. 외과적 수술 후 또는 상해 후 회복기간에 있는 자

정답 ①

048 다음 보기 중 「의료법」에 의한 상급종합병원의 요건으로 옳지 <u>않은</u> 것은? [2015, 서울]

① 보건복지부령으로 정하는 인력·시설·장비 등을 갖추어야 한다.
② 10개 이상의 진료과목을 갖추고 진료과목마다 전문의를 두어야 한다.
③ 전문의가 되려는 자를 수련시키는 기관이어야 한다.
④ 질병군별 환자구성 비율이 보건복지부령으로 정하는 기준을 충족해야 한다.

해설

20개 이상의 진료과목을 갖추고 진료과목마다 전문의를 두어야 한다.

정답 ②

049 진료기록부 등의 보존기간으로 가장 옳은 것은? [2018, 서울]

① 처방전(2년), 진료기록부(5년), 조산기록부(5년)
② 환자명부(5년), 진단서(3년), 간호기록부(5년)
③ 수술기록부(5년), 처방전(3년), 방사선 사진 및 소견서(5년)
④ 진단서(3년), 검사내용 및 검사소견 기록(3년), 수술기록부(10년)

해설

의료법 시행규칙 제15조(진료기록부 등의 보존) ① 의료인이나 의료기관 개설자는 법 제22조제2항에 따른 진료기록부등을 다음 각 호에 정하는 기간 동안 보존하여야 한다. 다만, 계속적인 진료를 위하여 필요한 경우에는 1회에 한정하여 다음 각 호에 정하는 기간의 범위에서 그 기간을 연장하여 보존할 수 있다.
1. 환자 명부 : 5년
2. 진료기록부 : 10년
3. 처방전 : 2년
4. 수술기록 : 10년
5. 검사내용 및 검사소견기록 : 5년
6. 방사선 사진(영상물을 포함한다) 및 그 소견서 : 5년
7. 간호기록부 : 5년
8. 조산기록부: 5년
9. 진단서 등의 부본(진단서·사망진단서 및 시체검안서 등을 따로 구분하여 보존할 것) : 3년

정답 ②

050 「의료기사 등에 관한 법률」상 의료기사에 해당하지 않는 것은? [2022, 지방직]

① 작업치료사　　　　　　　② 치과기공사
③ 안경사　　　　　　　　　④ 치과위생사

해설

의료기사 등에 관한 법률에 근거할 때(제1조의2) 의료기사, 보건의료정보관리사, 안경사의 정의는 아래와 같다.
1. "의료기사"란 의사 또는 치과의사의 지도 아래 진료나 의화학적(醫化學的) 검사에 종사하는 사람을 말한다.
2. "보건의료정보관리사"란 의료 및 보건지도 등에 관한 기록 및 정보의 분류·확인·유지·관리를 주된 업무로 하는 사람을 말한다.
3. "안경사"란 안경(시력보정용에 한정한다. 이하 같다)의 조제 및 판매와 콘택트렌즈(시력보정용이 아닌 경우를 포함한다. 이하 같다)의 판매를 주된 업무로 하는 사람을 말한다.
의료기사 등에 관한 법률에 근거할 때(제2조) 의료기사의 종류는 임상병리사, 방사선사, 물리치료사, 작업치료사, 치과기공사 및 치과위생사로 한다.

정답 ③

051 「보건의료인력지원법」에서 규정한 보건의료인력에 해당하는 것을 모두 고르면? [2022, 지방변형]

> 가. 의료법에 따른 의료인 및 간호조무사
> 나. 국민건강증진법에 따른 보건교육사
> 다. 응급의료에 관한 법률에 따른 응급구조사
> 라. 의료기사 등에 관한 법률에 따른 의료기사, 보건의료정보관리사 및 안경사

① 가, 나, 다
② 가, 다
③ 나, 라
④ 가, 나, 다, 라

해설

보건의료인력지원법에 따를 때 보건의료인력은 가, 다, 라번 선지가 모두 해당한다. 이외에 약사법에 따른 한약사와 국민영양관리법에 따른 영양사 등 보건의료관계법령에서 정하는 바에 따라 면허·자격 등을 취득한 사람으로서 대통령령으로 정하는 사람까지 포함하며, 여기에는 영양사, 공중위생관리법에 따른 위생사, 국민건강증진법에 따른 보건교육사가 포함되어 모든 선지가 다 맞다.

정답 ④

---

052 「의료기사 등에 관한 법률」상 의료기사의 종류가 <u>아닌</u> 것은? [2019, 서울 7급]

① 방사선사
② 작업치료사
③ 보건의료정보관리사
④ 치과위생사

해설

의료기사 등에 관한 법률에 근거할 때 의료기사, 보건의료정보관리사, 안경사의 정의는 아래와 같다.
1. "의료기사"란 의사 또는 치과의사의 지도 아래 진료나 의화학적(醫化學的) 검사에 종사하는 사람을 말한다.
2. "보건의료정보관리사"란 의료 및 보건지도 등에 관한 기록 및 정보의 분류·확인·유지·관리를 주된 업무로 하는 사람을 말한다.
3. "안경사"란 안경(시력보정용에 한정한다. 이하 같다)의 조제 및 판매와 콘택트렌즈(시력보정용이 아닌 경우를 포함한다. 이하 같다)의 판매를 주된 업무로 하는 사람을 말한다.
의료기사 등에 관한 법률에 근거할 때(제2조) 의료기사의 종류는 임상병리사, 방사선사, 물리치료사, 작업치료사, 치과기공사 및 치과위생사로 한다.

정답 ③

053 보건의료에 관한 국민의 권리·의무와 국가 및 지방자치단체의 책임을 정하고 보건의료의 수요와 공급에 관한 기본적인 사항을 규정함으로써 보건의료의 발전과 국민의 보건 및 복지의 증진에 이바지하는 것을 목적으로 하는 것은?

① 의료법
② 보건의료기본법
③ 지역보건법
④ 감염병예방법

해설

보건의료기본법 제1조(목적) 이 법은 보건의료에 관한 국민의 권리·의무와 국가 및 지방자치단체의 책임을 정하고 보건의료의 수요와 공급에 관한 기본적인 사항을 규정함으로써 보건의료의 발전과 국민의 보건 및 복지의 증진에 이바지하는 것을 목적으로 한다

정답 ②

054 보건의료기본법에서 정의하고 있는 내용으로 옳지 <u>않은</u> 것은?

① 보건의료는 국민의 건강을 보호·증진하기 위하여 국가가 행하는 활동을 말한다.
② 보건의료서비스란 국민의 건강을 보호·증진하기 위하여 보건의료인이 행하는 모든 활동이다.
③ 보건의료인이란 보건의료 관계 법령에서 정하는 바에 따라 자격·면허 등을 취득하거나 보건의료서비스에 종사하는 것이 허용된 자를 말한다.
④ 공공보건의료기관이란 국가·지방자치단체, 그 밖의 공공단체가 설립·운영하는 보건의료기관을 말한다.

해설

제3조(정의) 이 법에서 사용하는 용어의 뜻은 다음과 같다.
1. "보건의료"란 국민의 건강을 보호·증진하기 위하여 국가·지방자치단체·보건의료기관 또는 보건의료인 등이 행하는 모든 활동을 말한다.
2. "보건의료서비스"란 국민의 건강을 보호·증진하기 위하여 보건의료인이 행하는 모든 활동을 말한다.
3. "보건의료인"이란 보건의료 관계 법령에서 정하는 바에 따라 자격·면허 등을 취득하거나 보건의료서비스에 종사하는 것이 허용된 자를 말한다.
4. "보건의료기관"이란 보건의료인이 공중(公衆) 또는 특정 다수인을 위하여 보건의료서비스를 행하는 보건기관, 의료기관, 약국, 그 밖에 대통령령으로 정하는 기관을 말한다.
5. "공공보건의료기관"이란 국가·지방자치단체, 그 밖의 공공단체가 설립·운영하는 보건의료기관을 말한다.
6. "보건의료정보"란 보건의료와 관련한 지식 또는 부호·숫자·문자·음성·음향·영상 등으로 표현된 모든 종류의 자료를 말한다.
[전문개정 2010. 3. 17.]

정답 ①

055 「국민건강증진법」상 명시된 국민건강증진기금의 사용범위에 해당하지 <u>않는</u> 것은? [2022. 지방직]

① 건강생활지원사업　　　② 국민영양관리사업
③ 구강건강관리사업　　　④ 사업장건강검진사업

해설

제25조(기금의 사용등) ① 기금은 다음 각호의 사업에 사용한다. <개정 2004. 12. 30.>
1. 금연교육 및 광고 등 흡연자를 위한 건강관리사업
2. 건강생활의 지원사업
3. 보건교육 및 그 자료의 개발
4. 보건통계의 작성·보급과 보건의료관련 조사·연구 및 개발에 관한 사업
5. 질병의 예방·검진·관리 및 암의 치료를 위한 사업
6. 국민영양관리사업
7. 구강건강관리사업
8. 시·도지사 및 시장·군수·구청장이 행하는 건강증진사업
9. 공공보건의료 및 건강증진을 위한 시설·장비의 확충
10. 기금의 관리·운용에 필요한 경비
11. 그 밖에 국민건강증진사업에 소요되는 경비로서 대통령령이 정하는 사업

 정답 ④

056 「국민건강증진법」상 국민건강증진종합계획을 수립하여야 하는 자는? [2022. 서울]

① 보건복지부장관　　　② 질병관리청장
③ 시·도지사　　　　　　④ 관할 보건소장

해설

제4조(국민건강증진종합계획의 수립) ① 보건복지부장관은 제5조의 규정에 따른 국민건강증진정책심의위원회의 심의를 거쳐 국민건강증진종합계획(이하 "종합계획"이라 한다)을 5년마다 수립하여야 한다. 이 경우 미리 관계중앙행정기관의 장과 협의를 거쳐야 한다. <개정 2008. 2. 29., 2010. 1. 18.>
② 종합계획에 포함되어야 할 사항은 다음과 같다.
1. 국민건강증진의 기본목표 및 추진방향
2. 국민건강증진을 위한 주요 추진과제 및 추진방법
3. 국민건강증진에 관한 인력의 관리 및 소요재원의 조달방안
4. 제22조의 규정에 따른 국민건강증진기금의 운용방안
5. 국민건강증진 관련 통계 및 정보의 관리 방안
6. 그 밖에 국민건강증진을 위하여 필요한 사항
[전문개정 2006. 9. 27.]

 정답 ①

057 「국민건강증진법」에서 제시하고 있는 건강증진사업 내용으로 가장 옳지 <u>않은</u> 것은? [2021. 서울]

① 보건교육 및 건강상담
② 지역사회의 보건문제에 관한 조사
③ 영양관리
④ 질병의 조기치료를 위한 조치

해설

질병의 조기치료를 위한 조치가 아닌 '조기발견'을 위한 검진과 처방은 해당된다.

정답 ④

058 「국민건강증진법」에 따라 보건소장이 실시할 수 있는 건강증진 사업은? [2021. 서울 7급]

① 영양교육사업
② 국민 보건교육 성과 평가
③ 질병의 조기발견을 위한 검진 및 처방
④ 국민영양조사

해설

국민건강증진법
제19조(건강증진사업등) ① 국가 및 지방자치단체는 국민건강증진사업에 필요한 요원 및 시설을 확보하고, 그 시설의 이용에 필요한 시책을 강구하여야 한다.
② 시장·군수·구청장은 지역주민의 건강증진을 위하여 보건복지부령이 정하는 바에 의하여 보건소장으로 하여금 다음 각호의 사업을 하게 할 수 있다. <개정 1997. 12. 13., 2008. 2. 29., 2010. 1. 18.>
  1. 보건교육 및 건강상담
  2. 영양관리
  3. 구강건강의 관리
  4. 질병의 조기발견을 위한 검진 및 처방
  5. 지역사회의 보건문제에 관한 조사·연구
  6. 기타 건강교실의 운영등 건강증진사업에 관한 사항
③ 보건소장이 제2항의 규정에 의하여 제2항제1호 내지 제4호의 업무를 행한 때에는 이용자의 개인별 건강상태를 기록하여 유지·관리하여야 한다.
④ 건강증진사업에 필요한 시설·운영에 관하여는 보건복지부령으로 정한다. <개정 1997. 12. 13., 2008. 2. 29., 2010. 1. 18.>

정답 ③

059 국민건강증진기금과 응급의료기금을 조성하는 공통된 재원에 해당하는 것은?

[2020, 서울 7급]

① 기금의 운용 수익금
② 정부의 출연금
③ 「담배사업법」에 따른 담배부담금
④ 「도로교통법」에 따른 과태료 및 범칙금

국민건강증진기금은 담배소비세로 지칭되는 국민건강증진법 제23조제1항의 규정에 의한 부담금과 기금의 운용 수익금이 공통된 재원이 되며 응급의료기금은 현재 도로교통 과태료 수입액 등이 기금에 포함되어 있는 등 두 기금의 재원의 공통된 재원은 기금의 운용 수익금이라 볼 수 있다.

정답 ①

060 암 관리법 시행령 상 암의 종류별 검진주기와 연령기준에 대한 설명으로 옳지 않은 것은?

[2022, 지방직]

① 유방암은 40세 이상의 여성이 대상이며 검진주기는 2년이다.
② 위암은 40세 이상의 남·여가 대상이며 검진주기는 2년이다.
③ 자궁경부암은 20세 이상의 여성이 대상이며 검진주기는 2년이다.
④ 대장암은 50세 이상의 남·여가 대상이며 검진주기는 2년이다.

대장암의 검진주기는 1년이다.

061 농어촌 등 보건의료를 위한 특별조치법령상 보건진료 전담공무원에 대한 설명으로 옳지 않은 것은?

[2023. 지방직]

① 보수교육기간은 매년 21시간 이상으로 한다.
② 특별자치시장·특별자치도지사·시장·군수 또는 구청장이 근무지역을 지정하여 임용한다.
③ 간호사·조산사 면허를 가진 사람으로서 보건복지부장관이 실시하는 16주 이상의 직무교육을 받은 사람이어야 한다.
④ 근무지역으로 지정받은 의료 취약지역에서 질병·부상의 악화 방지를 위한 처치 등의 경미한 의료행위를 할 수 있다.

 해설

시행규칙 제27조(보건진료 전담공무원의 보수교육)
① 법 제18조에 따른 보건진료 전담공무원의 보수교육기간은 매년 21시간 이상으로 하고, 보수교육의 내용은 영 제14조에 따른 보건진료 전담공무원의 업무에 관한 사항으로 한다.
② 제1항의 보수교육은 시·도지사가 실시하되, 관련 기관 또는 단체에 위탁할 수 있다.
③ 시·도지사는 제1항과 제2항에 따라 보건진료 전담공무원의 보수교육을 하였을 때에는 지체 없이 그 결과를 별지 제23호서식에 따라 보건복지부장관에게 보고하여야 한다.

법 제16조(보건진료 전담공무원의 자격)
① 보건진료 전담공무원은 간호사·조산사 면허를 가진 사람으로서 보건복지부장관이 실시하는 24주 이상의 직무교육을 받은 사람이어야 한다.

시행령 제14조(보건진료 전담공무원의 업무)
① 법 제19조에 따른 보건진료 전담공무원의 의료행위의 범위는 다음 각 호와 같다.
  1. 질병·부상상태를 판별하기 위한 진찰·검사
  2. 환자의 이송
  3. 외상 등 흔히 볼 수 있는 환자의 치료 및 응급 조치가 필요한 환자에 대한 응급처치
  4. 질병·부상의 악화 방지를 위한 처치
  5. 만성병 환자의 요양지도 및 관리
  6. 정상분만 시의 분만 도움
  7. 예방접종
  8. 제1호부터 제7호까지의 의료행위에 따르는 의약품의 투여
② 보건진료 전담공무원은 제1항 각 호의 의료행위 외에 다음 각 호의 업무를 수행한다.
  1. 환경위생 및 영양개선에 관한 업무
  2. 질병예방에 관한 업무
  3. 모자보건에 관한 업무
  4. 주민의 건강에 관한 업무를 담당하는 사람에 대한 교육 및 지도에 관한 업무
  5. 그 밖에 주민의 건강증진에 관한 업무
③ 보건진료 전담공무원은 제1항에 따른 의료행위를 할 때에는 보건복지부장관이 정하는 환자 진료지침에 따라야 한다.

법 제17조(보건진료 전담공무원의 신분 및 임용)
① 보건진료 전담공무원은 지방공무원으로 하며, 특별자치시장·특별자치도지사·시장·군수 또는 구청장이 근무지역을 지정하여 임용한다.

 정답 ③

062 「의료법」상 의료기관 인증제도에 대한 설명으로 옳은 것은? [2023. 지방직]

① 의료기관의 인증신청은 의무적이다.
② 의료기관인증위원회의 위원장은 보건복지부차관이다.
③ 인증의 유효기간은 3년이며, 조건부인증의 유효기간은 1년이다.
④ 의료기관 인증 평가 결과에 대한 이의신청은 평가 결과를 통보받은 날부터 90일 이내에 하여야 한다.

해설

제58조(의료기관 인증)
① 보건복지부장관은 의료의 질과 환자 안전의 수준을 높이기 위하여 병원급 의료기관 및 대통령령으로 정하는 의료기관에 대한 인증을 할 수 있다.
② 보건복지부장관은 대통령령으로 정하는 바에 따라 의료기관 인증에 관한 업무를 제58조의11에 따른 의료기관평가인증원에 위탁할 수 있다.
③ 보건복지부장관은 다른 법률에 따라 의료기관을 대상으로 실시하는 평가를 통합하여 제58조의11에 따른 의료기관평가인증원으로 하여금 시행하도록 할 수 있다.

제58조의2(의료기관인증위원회)
① 보건복지부장관은 의료기관 인증에 관한 주요 정책을 심의하기 위하여 보건복지부장관 소속으로 의료기관인증위원회를 둔다.
② 위원회는 위원장 1명을 포함한 15인 이내의 위원으로 구성한다.
③ 위원회의 위원장은 보건복지부차관으로 하고, 위원회의 위원은 다음 각 호의 사람 중에서 보건복지부장관이 임명 또는 위촉한다.
  1. 제28조에 따른 의료인 단체 및 제52조에 따른 의료기관단체에서 추천하는 자
  2. 노동계, 시민단체(「비영리민간단체지원법」 제2조에 따른 비영리민간단체를 말한다), 소비자단체(「소비자기본법」 제29조에 따른 소비자단체를 말한다)에서 추천하는 자
  3. 보건의료에 관한 학식과 경험이 풍부한 자
  4. 시설물 안전진단에 관한 학식과 경험이 풍부한 자
  5. 보건복지부 소속 3급 이상 공무원 또는 고위공무원단에 속하는 공무원
④ 위원회는 다음 각 호의 사항을 심의한다.
  1. 인증기준 및 인증의 공표를 포함한 의료기관 인증과 관련된 주요 정책에 관한 사항
  2. 제58조제3항에 따른 의료기관 대상 평가제도 통합에 관한 사항
  3. 제58조의7제2항에 따른 의료기관 인증 활용에 관한 사항
  4. 그 밖에 위원장이 심의에 부치는 사항
⑤ 위원회의 구성 및 운영, 그 밖에 필요한 사항은 대통령령으로 정한다.

제58조의3(의료기관 인증기준 및 방법 등) ① 의료기관 인증기준은 다음 각 호의 사항을 포함하여야 한다.
  1. 환자의 권리와 안전
  2. 의료기관의 의료서비스 질 향상 활동
  3. 의료서비스의 제공과정 및 성과
  4. 의료기관의 조직·인력관리 및 운영
  5. 환자 만족도
② 인증등급은 인증, 조건부인증 및 불인증으로 구분한다. <개정 2020. 3. 4.>
③ 인증의 유효기간은 4년으로 한다. 다만, 조건부인증의 경우에는 유효기간을 1년으로 한다. <개정 2020. 3. 4.>
④ 조건부인증을 받은 의료기관의 장은 유효기간 내에 보건복지부령으로 정하는 바에 따라 재인증을 받아야 한다. <개정 2020. 3. 4.>
⑤ 제1항에 따른 인증기준의 세부 내용은 보건복지부장관이 정한다. <개정 2020. 3. 4.>

정답 ②

김태윤 교수 (공중보건/보건행정)

공단기 보건직 대표 강사
서울대학교 간호대학 졸업
서울대 보건대학원 석사, 박사 수료
이화여대, 한양대, 경희대 등 간호학과 강사
전 구평회고시학원
전 희소고시학원 전공보건 대표 강사

2024
김태윤
보건행정 기출문맥 Lv.1

저자와의 협의 하에 인지는 생략합니다.

인 쇄	2024년 1월 6일
발 행	2024년 1월 8일
저 자	김태윤
발 행 처	도서출판 마체베트
주 소	경기 광주시 오포읍 창뜰아랫길 32-49
T E L	031-716-1207
F A X	0504-209-1207
I S B N	979-11-92448-34-3 [93510]
정 가	25,000원

※ 이 책의 무단전재 또는 복제행위는 저작권법 제136조에 의거
   5년 이하의 징역 또는 5,000만원 이하의 벌금에 처하게 됩니다.